blumensolo

paula pryke

blumensolo

minimalfloristik für moderne räume

paula pryke

aus dem englischen von **monika krumbach**
fotos von **james merrell**

ulmer

Für Coco

Die Deutsche Bibliothek - CIP-Einheitsaufnahme

blumensolo : Minimalfloristik für moderne Räume / Paula Pryke.
Fotos von James Merrell. - Erstausg. - Stuttgart (Hohenheim) : Ulmer, 2000
Einheitssacht.: Simple flowers >dt.<
ISBN 3-8001-6675-5

Die Originalausgabe erschien 1999
unter dem Titel »Simple Flowers« bei Ryland, Peters & Small,
Cavendish House, 51–55 Mortimer Street,
London W1N 7 TD, Großbritannien

Druck und Bindung: Toppan Printing Co., China

ISBN: 3-8001-6675-5

Deutsche Ausgabe:
© 2000 Eugen Ulmer GmbH & Co.
Wollgrasweg 41, 70599 Stuttgart (Hohenheim)
email: info@ulmer.de
Internet: www.ulmer.de
Lektorat: Carola Hils
Fachliche Prüfung: Ruth Barlage, Riethberg/Varensell
Übersetzung: Dr. Monika Krumbach, Nürnberg
Satz: Rund ums Buch, Rudi Kern, Kirchheim/Teck

Inhalt

Einführung

blumensolo ist mein bisher persönlichstes Buch. Ich stelle hier Arrangements vor, wie ich sie für meine eigenen vier Wände bevorzuge. Meine Gestaltungsvorschläge fügen sich harmonisch in unterschiedlichste Umgebungen ein, wenn ich sie auch ursprünglich jeweils für einen bestimmten Platz konzipiert habe. Oftmals bestimmt bereits das Interieur oder die Vase, welche Blumen am besten verwendet werden. Dann wieder fordert das Material selbst zu einer speziellen Anordnung heraus. Doch wo auch immer Sie ansetzen, die Blumen selbst sind die »Stars«. Sie bringen Leben in die Wohnung und mit interessanten Gefäßen werden sie zu einer lebendigen Einheit.

Blumen bereichern unseren Alltag und wirken anregend auf den Geist. Mit ihrer exquisiten Schönheit drücken sie reinste Freude aus, wie dieses Buch zeigen möchte. Es ist für Menschen gedacht, die Blumen lieben und sich das Leben ohne sie nicht vorstellen können.

Freunde und Kunden bestellen oft üppig ausladende Arrangements bei mir. Dennoch – wenn ich die Arbeit beendet habe, muss ich manchmal innehalten und die einzelnen Blüten um so mehr bewundern. Oft ist ihre schlichte Schönheit eindrucksvoller als ein überwältigendes, unüberschaubares Blumenmeer. Im Grunde stellen die einfachen Formen die größte Herausforderung für mich dar.

Auf Messen und Ausstellungen zum Thema Floristik bewundere ich die neuesten fantasievollen Gestaltungstrends und das technische Geschick meiner Kollegen. Doch ich weiß gleichzeitig, dass ich in meinem eigenen Heim immer die schlichten Arrangements bevorzugen werde, die den ganzen Lebensweg der Blüte von der Knospe bis zum vollen Erblühen sichtbar machen. Hier sprechen die Blumen für sich, der Gestalter schweigt.

In letzter Zeit sind die Modeblumen zu sehr in den Vordergrund getreten. Immer wieder lesen wir, welche am populärsten und welche »out« sind. Oft rufen Journalisten bei mir an, um zu fragen, welche Arten ich gegenwärtig favorisiere. Es fällt mir dann schwer, »Verlierer« zu nennen, denn mich entzücken alle Blumen. Selbst wenn ich ganz einfache Blüten geschenkt bekomme, freue ich mich an deren reiner Existenz. Niemals betrachte ich ein Blumengeschenk als einen Modeartikel. Blumen sind wie Freunde: Wir lieben sie wegen ihres Charakters und ihrer Persönlichkeit – nicht etwa wegen ihres Aussehens oder ihrer Kleidung.

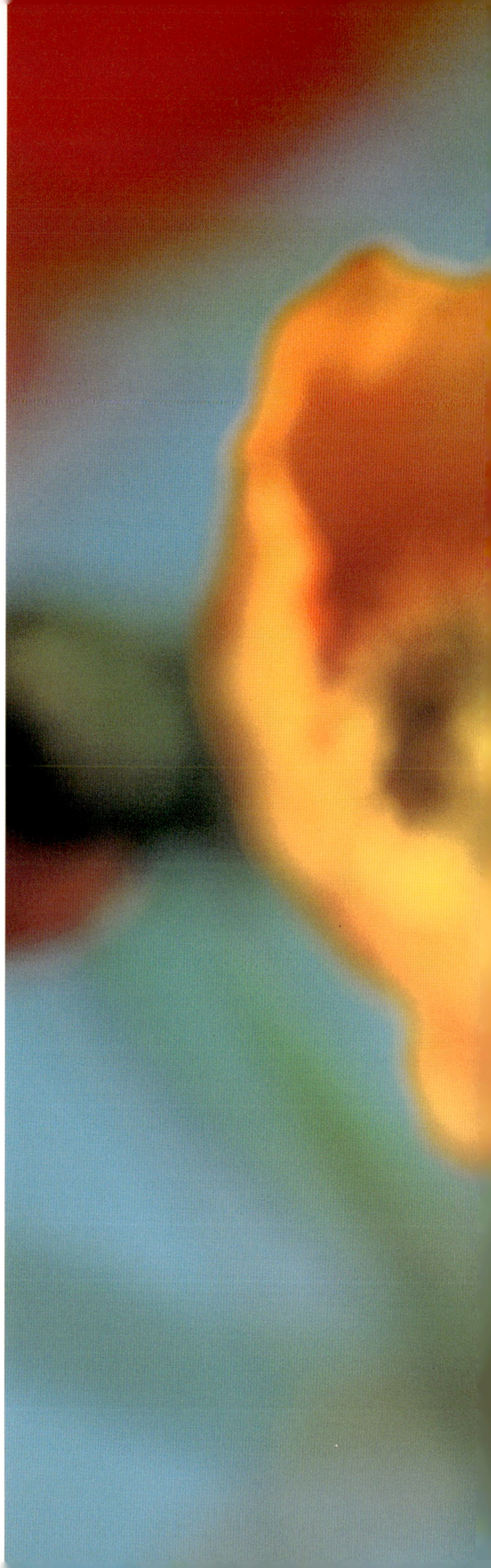

Ich liebe Blumen

schon so lange wie ich zurückdenken kann. Als Kind durchstreifte ich die Sumpfwiesen auf dem Hof meiner Eltern und sammelte Wildblumen. Besonders gefielen mir die riesigen Sumpfdotterblumen, die auf feuchtem Boden gediehen, und die Büschel graziler Schlüsselblumen, die im Frühling auf den Kuhweiden erschienen, auf denen ich spielte.

Immer noch mag ich den Duft der Weißdornblüten Anfang Mai und erinnere mich gerne an den fliegenden Pollen von Haargerste und Wiesenkerbel – die Pflanze fast größer als ich selber –, der mich im Mai und Juni vor den Sommerferien immer zum Niesen brachte. Die moderne Agrartechnik hat inzwischen all diese Pflanzen unter dem Sammelnamen Unkraut zusammen gefasst und einige Arten durch Herbizide beinahe ausgerottet. Zum Glück stehen heute viele Pflanzen unter Naturschutz und dürfen nicht gepflückt werden, damit sie nicht ganz aussterben. Manche dieser natürlichen Wildblumen bezaubern uns mit ihren genialen Blüten mehr als die neuesten ausgefallenen Hybridzüchtungen. Schon sehr früh interessierte ich mich für den Aberglauben und die vielen Bräuche rund um unsere einheimischen Feldblumen. Beispielsweise sollte es Unglück bringen, wenn man die Blüten eines Heidekrautes *(Epigaea repens)* oder des schwer duftenden weißen Flieders ins Haus holte. Dunkelgrünes Laub von Mistel und Stechpalme erinnerten noch an die »heidnische« Vergangenheit und wurden deshalb nur zur Weihnachtszeit in die Wohnungen gebracht, wenn die womöglich in ihnen lauernden bösen Geister durch die »christliche« Stimmung gebannt wurden.

Besonders gern hatte ich als Kind die wuchernden Hundsrosen und wilde Wicken, die sich durchs verworrene Unterholz schlängelten. Ich bemerkte bereits damals, dass die Blumen sofort nach dem Pflücken zu trocknen und welken begannen. Bald wusste ich, dass der herrlich knallrote Feldmohn kaum einen Tag in der Vase überlebt, während die perfekt geformte Margerite sich in klarem Wasser tagelang hält. Das war der Beginn meiner Philosophie des Blumensteckens. Nur haltbare Arten sollten als Schnittblumen Verwendung finden. Die kurzlebigeren wurden ausgegraben und mit Moos als ganze Pflanze in kleinen Pflanzgärtchen präsentiert. Jede Jahreszeit brachte neue Freuden. Diese Erkenntnis versuche ich heute noch umzusetzen.

Im Spätsommer verströmten weiße Schafgarbe und Mädesüß bis in den Abend hinein ihren Duft, während Rankpflanzen und reife Früchte die Landschaft veränderten. Weizen und Gerste wurden auf den Feldern goldgelb, waren dann über Nacht plötzlich abgeerntet, so dass die verbliebenen Blumen in der kahlen Landschaft um so mehr hervortraten. Bis zum Winter entwickelten sich überall Beeren, Samenstände und Früchte, die wieder ganz neues Material für Gestecke abgaben. Da waren die saftigen Holunderbeeren, die Beeren der Schlehen, die perlenartigen Früchte der Schneebeere. Die Ernte von leuchtend roten Hagebutten der Hundsrose brachte mir fürchterlichen Juckreiz auf der Haut. Auch die Brombeerranken waren nicht gerade handlich mit ihren Dornen. Die Waldrebe mit ihren flauschigen, bartartigen Samenständen verlieh den Hecken zusätzlichen Reiz. Wenn die Blätter fielen, ließen die kahlen Laubbäume meine gewohnte Landschaft mit dem Hügel im Hintergrund wieder in neuen Formen erscheinen.

So war meine Kindheit ganz von der umgebenden Natur und dem steten Wechsel der Jahreszeiten bestimmt. Es ist nicht verwunderlich, dass ich dort meine Inspiration fand. Immer stärker faszinierte mich die Blumenkunst mit all ihren Farbmöglichkeiten, ihrer Vielfalt an Formen und Strukturen einzelner Blüten.

Schon als Kind begann ich auch die Schätze aus Feldern und Wiesen in kleinen Töpfen und Vasen locker zusammenzustellen und experimentierte mit Steckhilfen wie Blumenigel, Maschendraht und schweren Glasblöcken mit Löchern zum Aufnehmen der Stiele. Ich verankerte geknüllten Kaninchendraht in Keramiktöpfen und übte mich darin, die Blumen richtig anzuschneiden und gut zu positionieren. Auch ohne Spezialzubehör kann man wunderbare Ergebnisse erzielen. Für den Anfang sind kaum Ausgaben nötig.

Auch den Wert von Blattwerk und Grün erkannte ich bereits in meiner Kindheit. Beim Probieren merkt man schnell, dass ein grüner Rahmen für die bunten Blüten unschätzbare Dienste leistet.

Bei kräftigen, glühenden Blütenfarben benötigen Sie als Ausgleich dunkles, beruhigendes Blattgrün. Gedämpfte, dunkle Blütenfarben dagegen verlangen knallgrünes, panaschiertes oder silbriges Laub. Bei zarten Tönen und Pastell sollten die Blätter sorgfältig ausgewählt werden, um die Blumen weder optisch zu erdrücken, noch sie leblos erscheinen zu lassen.

Schnell fand ich heraus, dass ein paar hübsche Blumen jedem Raum Leben und Wohnlichkeit verleihen, ohne viel Aufwand zu machen. Bedenken Sie aber bitte, dass solche Arrangements nicht immer so einfach herzustellen sind, wie es scheint. Zehn *Gerbera* in einer Vase reizvoll anzuordnen erfordert durchaus Ruhe und Konzentration. Besonders bei einfachen Gestecken ist es wichtig, das Pflanzenmaterial sorgfältig in Farben, Strukturen und Formen aufeinander abzustimmen, um einen ungezwungenen Eindruck zu erzielen und die Blumen perfekt wirken zu lassen. Ich kenne niemanden, der sich dem natürlichen Reiz von Blumen entziehen könnte. Sie sind wirklich unschätzbar. Mit ihrer schlichten Eleganz entzücken sie seit Jahrhunderten. Und auch wenn ich selber täglich von Blumen umgeben bin, genieße ich ihre anregenden, aufregenden Formen stets aufs Neue. Ich hoffe, dass Sie mit Hilfe der einfachen Vorschläge in diesem Buch auch Ihre häusliche Umgebung oder ihren Arbeitsplatz bereichern.

Hier wurde ein schlichtes Wasserglas zur Vase umfunktioniert. Die Meeresfunde passen gut ins Badezimmer. *Ornithogalum* sind so robust, dass sie die ständig veränderten Luftbedingungen gut verkraften. Sie wenden sich zum Licht, daher sollte das Glas regelmäßig gedreht werden.

blumensolo

Die Weisen des Ostens finden mehr Erkenntnis in der Betrachtung einer schlichten Einzelblüte als eines üppigen, unüberschaubaren Blumenstraußes.

Jede Blume besteht aus vielen verschiedenen Teilen, die alle zusammen ein Bild exquisiter Schönheit ergeben. Am besten kommt sie daher manchmal ganz für sich allein zur Geltung. Sie wird gleichsam zum lebenden Kunstwerk, zur Skulptur, die aus jedem Blickwinkel neue Eindrücke erlaubt.

Dem bekannten Architekten Mies van der Rohe verdanken wir zwei viel strapazierte gestalterische Weisheiten: »Weniger ist mehr« und »Die Kunst liegt im Detail«. Dies gilt beim Arbeiten mit Blumen ebenso. Eine interessante Einzelblüte wirkt oft anregender auf die Gedanken als eine unendliche Materialfülle. In meinem Geschäft freue ich mich immer wieder über Kunden, die nur eine einzelne Blüte auswählen, die in ihrer perfekten Schönheit häufig spektakulärer wirkt als ein ganzer Arm voll teurem Material.

Sehen Sie sich einmal eine Blume genauer an: Sie besteht aus vielen unterschiedlichen Teilen, die erst zusammen den wunderbaren Gesamteindruck ergeben. Da ist die Form und die Zeichnung der Blätter, die Struktur und Anordnung der Blütenblätter, die Farbe des Stiels, die Gestalt von Kelch und Krone, der unverwechselbare Duft. Sie können eines dieser Merkmale beim Präsentieren besonders hervorheben. Die ersten Kamelien im Frühling gehören zu meinen Lieblingsblumen. Ihre Blüten sind einfach wunderbar, doch auch die dunkelgrünen, glänzenden Blätter wirken perfekt. Am besten kommt die Blüte in einer kleinen Vase, umrahmt von einem zierlichen Blätterkranz, zur Geltung. Duftende Einzelblüten eignen sich hervorragend zur Verwendung ohne Beiwerk. Eine einfache Gardenie in einer Schale mit frischem Wasser und Schwimmkerzen passt als Blickfang auf die Frisierkommode, während eine Gartenrose mit ihrem himmlischen Duft, auf dem Nachttischchen platziert, Ihnen sicher angenehme Träume beschert. Zu einem festlichen Abendessen wird jeder Gast mit einer einzigen duftenden Nelkenblüte in einer kleinen Fingerschale an seinem Platz begrüßt. Der blühende Frühlingszweig und der mit Beeren beladene herbstliche Ast bringen die Jahreszeiten ins Haus. Mein persönlicher Favorit unter all diesen Möglichkeiten ist die *Phalaenopsis*-Orchidee, die mit ihren extravaganten Formen immer wieder bezaubert.

Obere Reihe, von links nach rechts Eine Nerine (die Züchtung 'Radiant Queen') steckt tief in der rustikalen Keramikvase. – *Gerbera* ('Jedi Spider Roze' und 'Jedi Spider Yellow') ragen bei diesem Arrangemant aus niedrig und dicht eingesteckten gelben Schafgarbenblüten sowie pfirsichfarbenen 'Medea'-Nelken weit nach oben. Die eckigen Keramiktöpfe enthalten Steckmasse zur Verankerung der Blumen. – Eine einzelne Blutblume *(Haemanthus)* wirkt in der klassisch geformten schwarz glasierten Vase wirklich königlich. – 'Sonja', eine Zwergsonnenblume, steht hier in dreifacher Ausführung in metallglänzenden Töpfchen mit orange besprühtem Kies, der das Erdsubstrat abdeckt. – Auch die einzelne scharlachrote 'Red Garnet'-Dahlie kann auf zusätzliches Beiwerk verzichten. – Ebenso markant wirkt das Proteengewächs solo in seiner gestreiften Zylindervase.
Untere Reihe, von links nach rechts Der rote Islandmohn bezaubert mit einer hauchzarten Blüte. – Als Behälter für die einzelne Weizenähre wurde ein hoher Parfümflakon gewählt, der den langen Stiel gut stützt. – Eine besondere Note erhält diese prächtige 'Red Lion'-Amaryllis durch die im Glasbehälter gut sichtbare Zwiebel mit Wurzelsystem.

Diese Seite, im Uhrzeigersinn Die Amaryllis produziert kompakte Knospen, die sich zu auffällig großen Blüten öffnen. – Manche Sorten haben so schwere Blüten, dass die hohlen Stiele von innen mit Holzstäben gestützt werden müssen oder – als interessante Alternative – von außen mit Zweigen von Korkenzieherweiden gehalten werden.
Ich mag besonders die hier gezeigte zweifarbige Züchtung 'Minerva'. Matte Glasvasen passen sowohl in traditionelle wie moderne Interieurs. – Die frostige Glasvase harmoniert farblich mit dem Strauß 'Moon'-Tulpen. Ein einzelner Kopf Papyrus dient jeweils vier *Iris* 'Lothario' als Stütze in milchigen, zart lilafarbenen Sektflöten.
Gegenüberliegende Seite Die zeitlose Eleganz der Lilien, kombiniert mit einer hohen Glasvase, ergibt ein Arrangement von fast skulpturhafter Qualität. Der Pollen dieser Blüten färbt stark, weshalb man am besten vor dem Stecken die Staubgefäße entfernt und sich anschließend gleich die Hände wäscht. Wenn etwas von dem stark färbenden Blütenstaub dabei versehentlich auf die Kleidung gelangt, nehmen Sie ihn vorsichtig mit Klebeband ab, das Sie mehrmals auf die eingefärbte Stelle tupfen. Für das gezeigte Gesteck wurden 'Casa Blanca'-Lilien gewählt.

Wenn Sie eine Blume in die Vase stellen, beachten Sie Gestalt und Größe der Blume. Betrachten Sie sie wie ein Kunstwerk oder wie eine Skulptur. Bedenken Sie, in welcher Blickhöhe und aus welchem Winkel die Blume vorwiegend angesehen wird. Sie sollte sich von ihrer besten Seite zeigen. Wie kommt sie am vorteilhaftesten zur Geltung, wie wirkt sie am natürlichsten. Seien Sie entschieden und einfallsreich. Gestecke mit Einzelblüten sind schnell angefertigt und müssen nicht teuer sein. Im Gästezimmer signalisieren sie unaufdringlich Sorge um den Gast. Die hübsche einzelne Nerine auf dem Frühstückstablett versieht die alltägliche Mahlzeit mit einem Zeichen liebevoller Zuwendung.

Ein einziger Freesienstiel, eine duftende Narzisse oder Hyazinthe bringt einen frischen Hauch ins Badezimmer. Im Winter platziere ich dort immer eine vorgetriebene Hyazinthe und genieße beim Baden ihren Duft.

Wenn Sie nicht Stunden Ihrer kostbaren Zeit für aufwendige Arrangements opfern wollen und dennoch Blumenschmuck in Ihrem Heim haben möchten, sind Einzelblüten genau das Richtige. Alles, was Sie am Anfang brauchen, sind einige, für Einzelblüten perfekt passende Vasen, die Sie nach Belieben mit wenig Kosten und Aufwand füllen. Ein oder zwei Blumen in Reagenzgläsern oder in Phiolen aus Kunststoff machen sich in jedem Interieur gut. Auch niedrige Schalen und hohe Gläser eignen sich gut für einzelne Blumen. Ein paar hübsche Glasbecher in unterschiedlichen Höhen, gefüllt mit Rosenblüten und auf einem Silbertablett als Tischschmuck »serviert«, geben dem Raum eine klassische Note. Liegt die Blüte direkt auf dem Wasser, so sind interessante Spiegelungen zu beobachten, die dem Ganzen zusätzlichen Reiz verleihen. Eine ähnliche Wirkung lässt sich mit Mohn erzielen, der in verschiedenen Höhen auf einem modernen Esstisch angeordnet wird. Halten Sie die abgeschnittenen Stielenden kurz über eine Kerzenflamme, damit durch die Hitze der Ausfluss von Milchsaft gestoppt wird. Stellen sie jede Blüte in ein kleines Gefäß und reihen Sie alle entlang der Tischmitte auf.

Auch eine völlig ins Wasser eingetauchte Blüte eignet sich als Blickfang für die festliche Tafel. Die Blume kann mit einem Gewicht in eine hohe Vase getaucht werden oder durch einen Steckigel am Grund gehalten werden. Bald bilden sich winzige Luftbläschen um die Blüte, wenn der Sauerstoff nach oben steigt, wodurch das Ganze noch attraktiver wirkt. Auch Blattwerk allein kann wunderbar wirken. Ein einzelnes ungewöhnliches Blatt, beispielsweise eines Zimmerphilodendron *(Monstera)* mit den beeindruckenden Löchern, eine Handvoll Bärengras oder Schachtelhalme erfrischen ein Zimmer. Aus Schachtelhalmen ist mit Blumendraht oder feinem Band auch schnell ein länglicher Tischschmuck zusammen gebunden.

Am liebsten dekoriere ich lange Tische mit einem bunten Tischtuch, auf das ich in der Mitte, ebenfalls der Länge nach, Efeuranken lege. Hier und dort füge ich eine exotische Blüte ein – beispielsweise den spektakulären Lotos. Lotos kommt aus den Tropen und Subtropen in reizvollen Weiß- und Rosa-

Links *Eucharis* hat sternförmige Blüten in reinstem Weiß mit einer leuchtend grünen Blütenmitte und duftet herrlich. Die in Südamerika beheimatete Pflanze wird auch als Amazonaslilie bezeichnet.
Rechts Kringelige, spiralförmige Stängel von goldbesprühten *Wisteria* winden sich in skurrilen Drehungen um zwei konische Milchglasvasen mit *Eucharis*.

Unten Dichte Sträuße der Inkalilie 'Little Sun' stehen in cremefarben bemalten Töpfen, die die tiefen Orangetöne der Blüten schön zur Geltung bringen.
Rechts Ebenfalls sehr dicht gesteckt wurden die orangefarbenen Zinnien. Die Stiele sind direkt unterhalb der Blüten zusammengebunden, so dass der Faden unsichtbar bleibt. Die Blumen stehen in Steckmasse in dem weiß gestrichenen Topf. Das Ganze wirkt wie ein kleines Bäumchen. Die Steckmasse wurde zusätzlich mit Moos abgedeckt.

tönen zu uns und umgibt sich mit einer geheimnisvollen Aura. Die Blüten öffnen sich, wenn sie in ein tiefes Gefäß mit Wasser in die volle Sonne gestellt werden. Dann kommen sie in wassergefüllte Phiolen, die rundum mit doppelseitigem Klebeband versehen und mit großen, biegsamen Efeublättern umhüllt werden. Verteilen Sie die Blüten über die ganze Tafel zwischen den Efeuranken, so dass die Gefäße durch die Ranken kaschiert werden. Zusätzlich können Sie eine einzelne Blüte bei jedem Gedeck platzieren. In ihrer natürlichen Umgebung schließen sich die Blüten abends, so dass sich das Arrangement am besten für ein Mittagessen eignet.

Links Dichte Sträuße einer einzigen Blumensorte, hier mit cremefarbener Kalla demonstriert, ziehen in horizontal betonten Arrangements stets alle Blicke auf sich. Diese reduzierte Gestaltungsart bevorzuge ich für meine eigene Wohnung. Die ungewöhnliche Silhouette, bei der die Stiele kurz geschnitten werden und nur die Blütenköpfe über den Vasenrand ragen, eignet sich exzellent für trompetenförmige Blüten wie Kalla, aber auch für kugelige Arten wie Dahlien sowie für Blumen mit mehreren Einzelblüten, wie z.B. der Inkalilie.
Unten Die schwarzen Näschen in den weißen Gesichtern des Sterns von Bethlehem *(Ornithogalum)* wiederholen den Farbkontrast der fröhlichen Behälter und geben der Komposition ein grafisches Gepräge.

Die eleganten und eigenartig strukturierten Blüten aus der Familie der Bananengewächse ergeben zwischen Blattgrün sparsam verwendet ebenso wundervollen Tischschmuck. Tropische Schönheiten eignen sich generell sehr gut für die Einzelpräsentation – bereits wenige Blüten ergeben unvergessliche Arrangements. Ein zusätzlicher Vorteil liegt darin, dass exotische Pflanzen auch bei heißem Wetter gut halten. Andererseits welken sie später nicht wie unsere gewohnten Blumenarten langsam vor sich hin, sondern werden sehr plötzlich braun und faulen. Tropische Schönheiten wie die Paradiesvogelblume aus Kalifornien und Australien, wie Celosie und *Heliconia* aus der Karibik, *Euphorbia fulgens* aus Mexiko, Anthurien von den Westindischen Inseln oder Proteen aus Südafrika benötigen mit ihren atemberaubenden Blütenfarben außer ein paar dunkelgrünen Blättern wirklich kein Beiwerk.

Aus den Tropen werden auch sehr ausdrucksvolle Blätter geliefert. Manchmal reicht allein ihr markantes Grün. Neuseeländer Flachs beispielsweise besitzt breite, schwertförmige Blätter mit rötlicher Umrandung. Papyrus, wie er zusammen mit Lotosblüten schon auf altägyptischen Grabmalereien abgebildet ist, lässt sich mit seinen quirlartig angeordneten Blattschirmen zu geometrischen Formen schneiden.

Bananenblätter zeichnen sich durch tiefes Grün und dick hervortretende Blattrippen aus, während Palmen unterschiedliche Blätter liefern – von der kleinen Steckenpalme *(Rhapis excelsa)* bis hin zu den riesigen Wedeln der Kanarischen Dattelpalme.

Als Variation unseres Themas Einzelblüte lassen sich mehrere Blüten einer einzigen Art oder Sorte in eine oder mehrere kleine Vasen füllen. Solche Sträuße werden am besten mit Blumen der Saison gearbeitet.

Blumen der Jahreszeit sind meist preiswert, so dass Sie sich mit größeren Mengen umgeben können. Ein dicker Strauß Tulpen oder Narzissen ohne jedes Beiwerk ist nach dem langen trüben Winter ein belebender Anblick. Das duftige Rosenbukett dagegen beschwört den Reiz eines voll erblüten Hochsommergartens herauf.

Manche Blumen, zum Beispiel Wicken, wirken am besten für sich selbst. In ihrem komplizierten Blütenaufbau passen sie nicht gut zu anderen Arten. Selbst Blätter können hier eher stören.

Eine besondere Weise, Blumen einer Sorte zu arrangieren, ist eine horizontale Anordnung, wie der Strauß weißer Kalla auf der vorhergehenden Seite beweist. Sie eignen sich speziell für englische Tische, Flurkonsolen oder ausladende Kaminsimse. Dieser Stil wird gegenwärtig von führenden Blumenkünstlern gern gewählt.
Die Blumen stehen dicht und doch nicht gedrängt in der Vase und werden so in Form gebracht. Darin liegt die Kunst.

Gegenüber, links und oben Wie viele andere Menschen, die eine glückliche Kindheit auf dem Land erleben durften, liebe ich Wicken und wollte sie schon früh selber ziehen. Ihr himmlischer Duft und die zauberhafte Farbpalette sichern ihnen auch heute noch einen Platz unter meinen Lieblingsblumen. Leider halten die Gartenwicken in der Vase sehr schlecht. Die kommerziell angebauten Sorten werden dagegen chemisch behandelt, um ihnen eine längere Lebensdauer zu garantieren. Es gibt keine nettere Art, Wicken zu präsentieren, als einen dicken Strauß in einer trichterförmigen Glasvase. Das Ganze wirkt wie eine bunte Eiskugel in einer durchsichtigen Waffel. Wicken sind einfach der Inbegriff eines warmen, idyllischen Sommertages.

Gemischte Arrangements

Viele Blumenarten lassen sich gut kombinieren und erfreuen das Auge in harmonisch abgestimmten Ensembles. Ihre Schönheit kommt im Kontrast um so mehr zur Geltung.

Dieses Konzept erfordert allerdings viel Feingefühl. Erst mit einiger Übung finden Sie die perfekten Kombinationen heraus. Gestalten Sie zunächst mit mehreren Blumenarten in einer einzigen Farbe oder in den gleichen Farbtönen, bevor Sie sich an spannungsreichere Zusammenstellungen wagen.

Unifarben werden oft von Architekten und Designern gewählt. Schlicht und doch ausdrucksstark betonen sie die Linien und Qualitäten eines Raumes, ohne sich zu sehr in den Vordergrund zu drängen. Für eine klare, unverfälschte Aussage werden Einrichtungen in starken Farben bevorzugt – wie bei diesem Raum mit tiefblauen Wänden. Wenn Sie sich auch auf eine Blütenfarbe beschränken, sind Sie dabei nicht auf eine einzige Blumenart festgelegt. Kombinieren Sie ruhig mehrere Arten oder Sorten in einheitlicher Farbe zu spannungsreichen Arrangements. Ständig liefert der Blumenmarkt einheimische und exotische Neuheiten, so dass Sie in jeder erdenklichen Farbnuance eine fast unübersehbare Auswahl zur Verfügung haben.

Weiß ist eine klassische Farbe in der Floristik. Es lässt sich mit jeder anderen Farbe zusammen verwenden und eignet sich bestens für die ersten Versuche beim Arrangieren. Hier sehen Sie ein ganz in Weiß gehaltenes Gesteck, das durch die ungewöhnliche Materialauswahl besticht. Bei der erfrischend modernen Gestaltung ragen die Dolden der Knorpelmöhre *(Ammi majus)* dezent aus der eleganten silbrigen Vase heraus. Hohe weiße Milchsterne *(Ornithogalum)* bilden das optische Gegengewicht zum Gefäß.

Ich liebe Farben. Was mir beim Umgang mit Blumen besonders gefällt, ist die unendliche Auswahl an Tönen und Schattierungen, die zu immer neuen Zusammenstellungen herausfordert. Ständig wandelt sich die Palette. Fast jede Woche begegne ich in Covent Garden, dem berühmten Londoner Blumenmarkt, einer neuen Pflanzensorte und damit neuen Gestaltungsmöglichkeiten. Ähnlich ergeht es mir bei Reisen in fremde Länder, in denen ich manchmal mit ganz neuartigem Pflanzenmaterial arbeiten kann. Immer wieder gibt es etwas zum Ausprobieren! Viel lässt sich aus Farbkreisen und der Farbentheorie übernehmen, wie sie in zahlreichen Garten- und Einrichtungsbüchern zu finden sind. Doch nichts kann die Praxis ersetzen. Sie erkennen beim Blumenstecken bald die immense Bedeutung einer ausgewogenen Farbbalance und die regulierende Wirkung von Grün im Gesteck. Erst der richtige Grünton in angemessener Menge und Verteilung bringt die Blütenfarben voll zur Geltung und macht die Komposition perfekt. Zu wenig oder ungünstig gewähltes Blattwerk hingegen zerstört den Gesamteindruck.

Diese und gegenüberliegende Seite Die hier gezeigten Gestecke sind jeweils in einer einzigen Farbe gehalten, wobei der Ton-in-Ton-Effekt durch feine Farbnuancierungen aufgelockert wird. Rosa und Blau, Weiß und Creme sowie Violett geben hier den Ton an. Die Beschränkung auf wenige Farben ergibt ohne allzu große Mühe ansprechende Ergebnisse.

Holz in allen seinen Erscheinungsformen bietet beim Blumenstecken ausgezeichnete Möglichkeiten. Unterschiedlichste Farbtöne der verschiedenen Holzarten erhalten zusätzlichen Reiz durch ihre Oberflächengestaltung – rau und unbearbeitet, geglättet, poliert oder lasiert. Das hier gezeigte Arrangement eignet sich als ungewöhnlicher Tafelschmuck für eine Taufe oder Hochzeit. Die blassen Farbtöne harmonieren perfekt mit der unbehandelten Holzkiste. Eine ähnlich natürliche Wirkung ließe sich auch mit anderen Behältnissen erzielen – beispielsweise mit alten Fässchen oder Körben. Ferner könnte ein Stück Baumstamm, Treibholz oder ein hübsches Rindenstück vom letzten Waldspaziergang als naturnahes Element eingebaut werden. Haben Sie all dies nicht zur Verfügung, bekleben Sie einfach ein schlichtes Glas oder Kunststoffkästchen mit doppelseitigem Klebeband und fixieren auf gleiche Länge geschnittene Zweigchen oder Bambusstücke daran.

Blumenkiste

Legen Sie die Kiste mit fester Plastikfolie aus. Legen Sie Steckmasse (für Frischblumen) in einen Eimer Wasser, damit sie sich vollsaugt. Füllen Sie den Steckschaum in die Kiste. Die Stiele der ausgewählten Pflanzen kürzen Sie auf etwa 5 cm ein und entfernen die Blätter, bevor Sie sie in die Steckmasse arrangieren. Am besten wirkt es, wenn Sie die Blüten einer Art als Gruppe anordnen. Dazwischen kommen Zweige der Schneebeere. Lücken werden zum Schluss mit interessantem Blattwerk aufgefüllt, so dass ein kuppelförmiger Umriss entsteht. Dazu eignen sich – wie hier – Bubiköpfchen *(Soleirolia soleirolii)* und panaschierter (grün-weißer) *Pittosporum*, aber auch Moos.

Material:
3 Rosen
1 Bund Nelken (*Dianthus* 'Doris')
1 Bund zartrosa Inkalilien
2 Stängel zartrosa *Lisianthus*
3 Stiele Frauenmantel
1 Zweig Schneebeere
Bubiköpfchen zum Auffüllen
3 Zweige *Pittosporum*, panaschiert

Linke und rechte Seite Die Natur ist eine unerschöpfliche Materialquelle. Nicht nur Blumen, auch allerlei grünes Beiwerk und Gemüse können uns inspirieren. In diesem rustikalen Tontopf mit Blumen, Blättern, Kräutern und Gemüsen dominiert die Farbe Grün. Solche »einfarbigen« Gestaltungen erhalten Leben durch spannungsreiche Konstraste von Strukturen und Farbtönen. Hier sind die Grünvariationen vertreten durch Tulpenknospen, Frühlingszwiebeln, *Galax-Blätter*, weißgrüne Kalla (›Tinkerbell'), gelbliche Dilldolden, Wolfsmilch *(Euporbia marginata)*, die rundlichen Blüten von Lisianthus und Schneeball. Das weiß-grüne Wolfsmilchgewächs gibt dem Arrangement den letzten Pfiff.

Pastellfarben

Blasse Farben sind nicht immer in Mode, für religiöse Feierlichkeiten und ernste Anlässe aber unentbehrlich. Fein und duftig wirken zartes Rosa, Aprikot und Lila, während Weiß oft mit Reinheit und göttlicher Unschuld assoziiert wird. Während kräftige Farben eindeutige Aussagen machen, bezaubern Pastelltöne gerade durch ihre sanfte Unbestimmtheit.

Weiß ist die klassische Wahl für Menschen, deren persönlichen Geschmack oder Einrichtungsstil Sie nicht kennen. Das hauchzarte Blau der Jungfer im Grünen mit ihrem fiederigen Grün passt gut zu sommerlichen Räumen und Brautbuketts. Blaue Skabiosen mit ihrer fast weißen Blütenmitte wirken kindlich unschuldig. Die schlichten, duftenden Narzissen mit ihren kräftig grünen Stielen empfinden wir ebenfalls als klar und rein, wenn ein großer Strauß davon in einer einfachen Vase steht. Die auf der Suche nach mehr Licht über den Vasenrand fließenden pastellfarbenen Papageientulpen sind immer wieder ein reizender Anblick.

Die natürliche Schönheit der blassen Blüten kommt vor einem raffiniert gestalteten grünen Hintergrund ideal zum Tragen. Dezente Ölweide *(Elaeagnus)*, Eukalyptusgrün und *Brachyglottis* ›Sunshine' stehen hier zur Wahl, ferner die sternchenförmigen Blüten der Sterndolde *(Astrantia)* sowie hübsche weiße Schleierkrautwolken. Sie alle erdrücken die weichen Pastelltöne weniger als kompaktere Wuchsformen. Ähnlich duftig wirkt der Wiesenkerbel mit seinen hübschen schirmförmigen Blütenständen. Ferner liefert der Kräutergarten dezentes Grün in Form von Dill, silbrigem Lavendel und Salbei oder Rosmarinzweigchen.

Ein echter Star unter den pastellfarbenen Blüten ist die *Phalaenopsis*-Orchidee. Ihre extravagante Form und die himmlischen Farbkombinationen bringen einen Hauch von Zauber in die Wohnung. Wäre sie ein menschliches Wesen, sie würde den perfekten Gast abgeben: mit jedem gut Freund, mit jedem in höflicher Konversation. Sie hält als Schnittblume in Gestecken und Brautsträußen besonders lange. Eingetopft gedeiht die Pflanze in allen Arten von Gefäßen und behauptet sich in der barocken Eingangshalle genauso wie im supermodernen Loft.

Orchideenzüchter entwickeln immer neue Blütenfarben für *Phalaenopsis*. Die weißen Varietäten sind so rein und strahlend, dass sie als »weißeste« Blüten überhaupt gelten dürfen. Cremefarbene und gesprenkelte Sorten dagegen lassen sich hervorragend mit gebrochenen Vanille- und Perlmutttönen oder mit geäderten Blumen anderer Arten verbinden.

Die Orchideenfamilie gehört zu den größten im Pflanzenreich und ist mit etwa 20 000 Arten vertreten. In der freien Natur sind Orchideen recht robust und behaupten sich sogar in unwirtlichen Regionen. Die Menschen des 19. Jahrhunderts waren ganz in den Bann dieser bizarren Schönheiten geschlagen. Orchideenjäger sammelten teilweise unter Lebensgefahr seltene Exemplare, weshalb die Pflanzen auch heute noch eine Aura von Abenteuer und Geheimnis umgibt.

Kein Wunder also, dass Orchideen immer als Luxus galten. Heute werden sie in großem Rahmen kommerziell kultiviert, was aber immer noch sehr viel Zeit beansprucht. Die in den Gärtnereien erhältlichen Sorten brauchen bis zu sechs Jahre, bevor sie das erste Mal blühen. Die einzelne Pflanze blüht selten länger als fünf Jahre und liefert etwa vier Blütenrispen jährlich. Folglich sind die Experten bei dieser wertvollen Ware ständig auf der Suche nach verbesserten Bedingungen in der Pflanzenkultur, damit sich der Aufwand finanziell lohnt. Als Folge davon ist das Orchideenzüchten heute eine komplizierte Wissenschaft, der sich in erster Linie große Spezialbetriebe mit eigenen Labors widmen.

Links und oben Die *Phalaenopsis*-Orchidee mit ihren atemberaubenden Formen steht am besten für sich allein. Alles, was Sie zum Schmuck eines langen Esstisches oder eines Beistellmöbels – wie hier – benötigen, ist eine Reihe einfacher Glasvasen. Zwei bis drei Blütenstiele pro Gefäß reichen aus. Die Vasen werden auf gleiche Höhe mit Wasser gefüllt. Die schlichte Eleganz eines solchen Ensembles ist nicht mehr zu überbieten. Die fein abgestimmten Farbnuancen beleben das Arrangement, ohne die Grundstimmung von Ruhe und Ausgeglichenheit dabei zu beeinträchtigen. Vergleichbare Effekte lassen sich mit anderen Blüten in ähnlich interessanten Formen erreichen. Probieren Sie doch einmal Lilien, *Dendrobium*-Orchideen, Kalla, *Sandersonia* oder *Ornithogalum*.

Links Drei schlichte Vasen mit feurigen *Gerbera*-Blüten ergeben ein extrem kontrastreiches Bild. Bei den gewöhnlichen *Gerbera* wird heute mit Hunderten von Sorten eine Vielfalt an Farben, Größen und Blütenformen angeboten, so dass sie mittlerweile zu den beliebtesten Schnittblumen zählt. Da die Pflanze in optischer Hinsicht kaum noch Wünsche offen lässt, konzentrieren sich die Züchter jetzt darauf, Varianten zu entwickeln, die sich in der Vase drei Wochen und länger frisch halten.

Warme Farben

Besonders gern mag ich kräftige, leuchtende Farben. Sie fallen gleich ins Auge, sie wirken belebend und herausfordernd. In Gruppen angeordnet entwickeln sie eine starke Dynamik. Die Palette der warmen, feurigen Farben fordert die Kreativität mehr als alle anderen Farbtöne heraus. Heiße Wüstenregionen und Mittelmeerlandschaften wären ohne diese Farben undenkbar. Die harte Sonne nimmt feinem Pastell alle Kraft, während die feurigen Töne durch die Beleuchtung förmlich zu glühen beginnen und sich in dieser Umgebung bestens behaupten. Wenn Sie sich für ein Gesteck mit kräftigen Blütenfarben entscheiden, wählen Sie einen sehr hellen oder sehr dunklen Platz zum Aufstellen. Besonders im vollen Sonnenlicht bildet es ein den ganzen Raum belebendes Element.

Gelb als Farbe der Sonne ist einer der wärmsten Töne und strahlt sein inneres Feuer förmlich nach außen ab. Viele Nuancen werden auch als Goldtöne bezeichnet. Sie verleihen der Umgebung den besonderen Touch. Zu meinen Lieblingen im gelben Bereich gehören strahlend gelbe Tagetes und buttergelbe Ranunkeln. Im Spätsommer mag ich besonders die gelben Schafgarben in den großen Staudengärten, die ich gerne mit feurig orangen Fackellilien, stahlblauen Kugeldisteln und Edeldisteln mixe. Auch Goldrute und Sonnenblumen gehören zu den gelben Sommerfavoriten für ein spannendes Arrangement.

Oben Das dichte Kissen von warm getönten Rosenblüten *(Rosa serena)* scheint beinahe aus der klassischen cremefarbenen Terrine überzuquellen. Gruppiert man die Blüten einer Sorte jeweils, so wirkt das extravagant und spektakulär und ergibt bei ungewohnten oder kontrastreichen Farbkombinationen effektvolle Ergebnisse. Klassische Gefäße in zurückhaltenden Tönen stellen das verbindende Element zwischen glühenden Blütenfarben und klassisch kühlen Interieurs dar.

Oben rechts Zwergformen von *Gerbera* und Ranunkel sind hier ebenfalls in kontrastreichen Farbgruppen angeordnet. Der Korb, in dem sie untergebracht sind, ist kaum sichtbar.

Rot kennen wir als Signalfarbe. Nicht nur an der Ampel signalisiert es »Stopp«. Wir sehen sprichwörtlich rot, wenn wir »rot vor Wut« sind. Rot ist die Farbe der Gefahr, gleichzeitig aber auch der Spannung und Dramatik.

Leuchtend rote Blumen wirken zusammen mit purpurfarbenem Laub spektakulär. Oft liefert die Natur selbst diese Farbkombination an einer Pflanze – wie etwa bei der dunkelroten *Lobelia cardinalis* 'Queen Victoria' und der mit kräftigen Blättern ausgestatteten *Bergenia cordifolia* 'Purpurea«. Dunkelrote Rosen und Dahlien besitzen ebenfalls manchmal extrem dunkles Laub, das die kräftigen Blütenfarben zusätzlich zum Leuchten bringt. Die 'Black Magic'-Rose und die Dahlie 'Bishop of Llandaff' sind nur zwei Beispiele.
Im Farbkreis zwischen Rot und Gelb angesiedelt, bildet Orange quasi den Mittelpunkt des warmen Spektrums. Bekannte orangefarbene Pflanzen sind Ringelblumen, Islandmohn und Kapuzinerkresse.

Warme Farbtöne eignen sich herrlich für kalte dunkle Tage. Im Herbst fühlen wir uns instinktiv zu ihnen hingezogen.

Es ist die Jahreszeit für Arrangements aus dunklen Rot- und vorwitzigeren Orangetönen. Versuchen Sie einmal Lampionblumen zusammen mit Fackellilie. Spektakulär wirken auch die roten Zieräpfel der Sorte 'John Downie' sowie die Beeren des Feuerdorns 'Orange Glow'.

Feurige Würze

Dieses Gesteck steht in einem Korb mit leuchtender Farbe. Es passt auch in andere Gefäße.

Legen Sie das Gefäß mit Plastikfolie und feuchtem Steckschaum aus. Verteilen Sie Papyrus, Chrysanthemen und kleine Gruppen von Rosen, Ranunkeln und Dill. Vervollständigen Sie mit Farn und Glanzmispel *(Photinia)*. Knicken Sie den Neuseeländer Flachs und stecken ihn zwischen die Blumen. Fügen sie dann Ting-Ting-Gras *(Cocos nucifera)* und Gagelstrauch *(Myrica gale)* hinzu.

Material:
5 Stiele Papyrus
15 rote Ranunkeln
9 Rosen (‘Orange Unique’)
3 Chrysanthemen (*Dendranthema* ‘Shamrock’)
7 Stiele Dill
5 hellgrüne Farnwedel
7 Stiele Glanzmispel (*Photinia* ‘Red Robin’)
10 Stiele Neuseeländer Flachs
je 1 Büschel Ting-Ting-Gras und Gagelstrauch

Freche Töne

Kürzlich bei einem Kongress mit Innenarchitekten und Vertretern verwandter Metiers bemerkte eine der Vortragenden, es käme ihr nie in den Sinn, Rot und Orange zu kombinieren. Mir dagegen käme es nie in den Sinn, diese beiden – oder jegliche anderen – Farben nicht zusammenzubringen.

Alle Farben lassen sich kombinieren, wenn man nur unvoreingenommen und gelassen an die Sache herangeht. Unpassend wirken nur Zusammenstellungen, die nicht gut durchdacht sind.

Mit jeder – manchmal wöchentlich – neu auf dem Markt erscheinenden Blumensorte ergibt sich auch die Möglichkeit neuer Farbkombinationen. Für meine Arbeit bedeuten diese Neuheiten einen zusätzlichen Reiz. Oft wähle ich eine mir vertraute Farbe, etwa Pfirsich, die ich dann mit neuen dunkleren Tönen wie Blau und Kastanie zu einem spannungsreichen Ensemble kombiniere. Mit derartig markanten Nachbarn wirkt selbst das blasse Orange nicht mehr schal, sondern gewinnt an Charakter.

Gedämpfte Töne, etwa das Rotbraun von wildem Wein oder das Purpur des Fuchsschwanzes sind für den Floristen nicht einfach zu handhaben und verlangen einen giftgrünen Rahmen aus viel duftigem Frauenmantel, Schneeball oder Ähnlichem zur Aufhellung. Tatsächlich sind im Moment hellgrüne Blüten so aktuell, dass die Züchter mit grünen Nelken und Chrysanthemen experimentieren und die Saison für knallgrüne Pflanzen zu verlängern suchen.

Muschelblumen sind seit Beginn unseres Jahrhunderts die wichtigsten rein grünen Blüten beim Blumenstecken. Ihr blasser Ton bringt alle anderen Farben besser zur Geltung, der aufrechte Wuchs verleiht dem Arrangement Höhe und Eleganz. Ein muschelförmiger Kelch umgibt jede der kleinen weißen Blüten, die büschelweise den ganzen Stiel entlang sitzen und zusätzlich Struktur liefern. Die ebenfalls grüne Zinnie 'Envy' gehört wiederum zu meinen persönlichen Lieblingen, ebenso wie die hellgrünen Christrosen, die ich gern zum Aufhellen von Frühlingsarrangements verwende.

Links Reagenzgläser sind hier zu einer witzigen Vasen-Reihe verbunden und mit Rosen in korrespondierenden Farbtönen gefüllt.
Links außen Bunt zusammengewürfelte Rosenblüten und ebenfalls ungewohnt bunte Laborgläser ergeben eine freche Zusammenstellung, die durch die verspiegelte Tischplatte zusätzlichen Glamour erhält. Mehrere kleinere Vasen wirken, auf niedrigen Tischen verteilt, zeitgemäßer und weniger aufdringlich als ein großes dekoratives Gesteck. Sie lassen mehr Platz und Zeit für die schönen Dinge des Lebens – etwa für ein Gläschen Wein, oder zwei ...

Blüten in klassischen Kombinationen wie Blau mit Weiß oder Rosa mit Creme können gut auf Beiwerk verzichten. Wenn Sie allerdings experimentierfreudiger sind, stellen Sie einmal zwei ungewohnte Arten zusammen, wobei reichlich dunkles Blattgrün zwischen den Farben vermittelt und die nötigen Übergänge schafft.

Schauen Sie sich in der Natur um. Ausdrucksvolle Beispiele liefert die Paradiesvogelblume *(Strelitzia)* mit ihren komplementären Orange- und Lilatönen. Auch in der Kunst finden sich interessante Vorbilder. Die alten niederländischen und flämischen Meister setzten ihre Stilleben aus Blumen, Insekten und Früchten vor einem dunklen Hintergrund in Szene, die sie erst richtig zum Leben brachte. Monet, van Gogh und Georgia O'Keeffe lenkten meinen Blick in ungewohnte Richtungen.

Links und oben Immer wieder bezaubert mich die majestätische Kombination von Rot und Violett, die zu allen Anlässen passt. Dieses dekorative Bukett in einem goldenen Pokal wird durch weißgrüne Schneeballblüten aufgehellt. **Rechts** Kreisförmig angeordnete weinrote Nelken und lila Zierlauch – schnell gemacht für ein modernes Arrangement.

Proportionen

Jeder Pflanzenschmuck muss sich in Größe und Proportionen in die Umgebung einfügen, um den gewünschten Effekt zu erzielen.

In hohen Hallen oder Räumen voller Leute behauptet sich ein einziges großzügiges Gesteck besser als viele kleine. Wichtig ist auch, dass die floralen Elemente in ihren Proportionen zum gewählten Gefäß passen.

Traditionell gilt bei Floristen ein Größenverhältnis zwischen Vase und Blumenfüllung von eins zu anderthalb als gelungen. Diese Regel ist sehr restriktiv und wird heute nicht mehr allgemein befolgt, so dass sich zahlreiche neue Möglichkeiten ergeben. Gegenwärtig arrangiert man die Blüten häufig direkt über dem Vasenrand, so dass von den Stängeln wenig oder gar nichts zu sehen ist. Diese Idee geht ursprünglich auf die Pariser Modenschauen im Hause Christian Lacroix zurück, ist aber heute überall verbreitet.

Spielerischer Umgang mit den Proportionen erlaubt ungeahnte Effekte, die Betrachter zum Staunen bringen. Gruppieren Sie etwa kleine Blumen wie Veilchen, Traubenhyazinthen oder Schneeglöckchen statt in den üblichen zierlichen Vasen als üppige Kissen in breiteren Gefäßen, aus denen sie förmlich hervorquellen. Oder legen sie Blütenköpfe von Sonnenblumen in große Wasserschalen, deren Boden von gräulichen Kieselsteinen bedeckt wird. Ebenso extravagant wirken wenige hohe Blumen zwischen Grüppchen von sehr niedrigem Pflanzenmaterial.

Kleine Arrangements

Wenn Sie, wie ich, eine eher zurückhaltend eingerichtete Wohnung mit hohen Räumen bewohnen, haben Sie die ideale Umgebung, um mit auffällig großen, dominierenden Arrangements zu experimentieren. Doch auf Tischen und Regalen platziere ich gern zusätzlich einige Minigestecke. Sie kontrastieren auf reizende Art mit den größeren Formen und geben der Umgebung dadurch zusätzliche Spannung.

Kleine Behältnisse, die irgendwo aus Küchenbeständen stammen, wie Eierbecher und Salzfässchen, ergeben aparte Väschen für den Esstischbereich, quasi im Puppenstubenformat. Füllen Sie sie mit leuchtend bunten Aurikeln, Stiefmütterchen *(Viola tricolor)* oder Anemonen. Die besten Effekte erreichen Sie mit mehreren solcher Gefäße, die über die ganze Tischlänge verteilt werden.

Winzige Blumenväschen lassen sich aus leeren Flakons und Parfümfläschchen kreieren, die mit zarten Blüten wie Schneeglöckchen, Maiglöckchen, Traubenhyazinthen oder Veilchen gefüllt werden. Sie stehen gut im Bad, auf dem Frühstückstablett oder sind ein dezentes Dankeschön. Viele Blumenzüchter in Belgien, Holland und Dänemark spezialisieren sich mittlerweile auf Zwergformen bekannter Pflanzen, die selten höher als 10 cm wachsen. Diese sind ideal für kleine Töpfchen. Winzige Margeriten und *Gerbera* sind auch als Topfpflanzen zu kaufen und halten so weitaus länger als Schnittblumen. In ausgefallenen Töpfchen sind sie eine reizende Dekoration für Feste und dürfen von den Gästen mit nach Hause genommen werden.

Manche Blumen wie Lotos und Gardenie sind so spektakulär, dass bereits eine einzelne Blüte ohne jede Zutat ein Miniarrangement ergibt. Im fernen Osten lässt man Gardenienblüten oft in Teeschalen schwimmen, um dem Getränk eine köstliche Duftnote zu verleihen. Diese Idee hat mich dazu inspiriert, Gardenienblüten zusammen mit ein paar Schwimmkerzen in einer Wasserschale treiben zu lassen, die den duftenden Mittelpunkt einer festlichen Tafel bildet.

Links außen Geschwungene, exotisch mangofarbene Kalla und dazu passende Proteengewächse ergeben mit einem Rahmen aus ebenso tropisch wirkenden *Epipremnum*- und *Pandanus*-Blättern ein kleines, aber auffälliges Ensemble, das etwa auf einem Beistelltisch richtig platziert ist.
Links Tulpen ('Golden Apeldoorn') spitzen dicht über den Rand der gelbgrünen Glasvase. Winkelig gebogene Schachtelhalme möchten ihnen mit Ellenbogengewalt die Show stehlen.
Ganz oben Zwergmargeriten, in witzige gelbe Eierbecher gepflanzt, kommen im Frühjahr und besonders um Ostern gut an.
Oben In bunten Salztöpfchen sind hier herrlich duftende einzelne Gardenienblüten untergebracht. Sie werden über den ganzen Tisch verteilt.
Rechts Die Topfreihe wurde passend zu den darin wachsenden *Gerbera*-Blüten (eine Zwergform) eingefärbt. Sie bildet ein lange haltbares Gestaltungselement auf dem Wandsockel.

Linke Seite Mit Silberfarbe besprühte Kieselsteine machen die simple Glasvase zu etwas Besonderem und geben gleichzeitig dem kompakten Dahlienstrauß Halt.
Links oben Binden Sie mit Bast ein Efeublatt um die Vorder- und Rückseite alter Marmeladengläser und füllen Sie sie mit rosa Kornblumen der Sorte 'Pinkie'. So entsteht aus einer Gruppe schlichtester Gefäße eine interessante Komposition.
Rechts oben Sechs Freesien ('Cote d'Azur') sind hier mit Hilfe von Steckmasse in ein keilförmiges Aluminiumgefäß arrangiert. Die Steckmasse wird von überlappenden Neuseeländer-Flachs-Blättern kaschiert.
Links unten Blaue Kornblumen, auf einheitliche Stiellänge gebracht, ebenfalls durch Steckschaum im Gefäß gehalten.

Auch kleine Duftveilchen-Sträuße, umkränzt von ihren rundlichen Blättern oder winzige Lavendelbunde, mit schlichtem Band zusammengehalten und auf jeden Sitzplatz verteilt, kommen bei Gästen gut an. Diese kleine Aufmerksamkeit wird am Ende des Abends als Erinnerung verteilt. Runde Blüten wie Dahlien und Kornblumen eignen sich für kleinere kuppelförmige oder flache symmetrische Kompositionen. Am besten wirken sie dicht zusammengestellt. Ein keilförmiges Aluminiumgefäß bringt die komplizierten Blütenformen von ein paar Freesien viel besser zum Tragen als die gewohnten Gefäßformen.

Kleinere Arrangements sind ideal für eher gewöhnliche Blumen, die gerade Saison haben und in Massen angeboten werden. Es reizt, den Überfluss zu betonen, indem die kleinen Gestecke in Dreiergruppen zusammengestellt werden. Wiederholung ist ein gutes Mittel, um eine Gestaltung insgesamt zu betonen.

Benötigen Sie einen ungewöhnlichen Blickfang für einen langen Tisch in moderner Umgebung, beispielsweise im Konferenzraum eines Büros? Füllen Sie dafür drei gleiche, kleine Glasvasen mit gleichartigen Blumen und binden Sie sie mit Weidenzweigen zusammen. Oder stopfen Sie saftig grünes Moos in drei flache weiße Porzellanschalen im Aschenbecherformat, die Sie über den Tisch verteilen. Erfrischte Blicke sind ihnen sicher. Kreieren Sie zu Weihnachten drei Minichristbäume aus trockenen Lorbeerblättern, die auf einem Kegel aus Trockensteckmasse befestigt werden. Bei all diesen Vorschlägen sollten Sie sich auf einfaches Material beschränken, auf eine einzige Blüten- oder Blattart. Materialmix eignet sich für Minigestecke längst nicht so gut, das Ergebnis wirkt oft eher unruhig als schön.

Ganz oben und rechts Passend als »Elefantenohren« bezeichnet sind diese Anthurien mit Korkenzieherweide und einer ausgefallenen Vase zu einem imposanten Arrangement vereint, das seinen exponierten Standort sicher verdient. Wenn Sie die grünen Blättchen entfernen, halten die Weidenzweige praktisch unbegrenzt.
Oben Äußerst markant wirkt auch dieses dichte Gesteck aus bräunlichen *Fritillaria pinardii* vor vorwiegend weißem Hintergrund. Die massige Bimssteinschale ist mit Steckschaumziegeln gefüllt, die durch ein paar Kieselsteine verdeckt werden. Ganz natürlich scheinen die Pflanzen daraus hervorzuwachsen.

Links Die mit Blüten übersäten kargen Zweige der Zierkirsche passen sich wunderbar dem reduzierten, japanisch anmutenden Stil des Raumes an, wobei auch die Vase sich ideal in die Umgebung der Steinwände einfügt.
Unten Ein dickes Kissen von Hortensienblüten in klassischen Blau-, Rosa- und Weißtönen überzeugt durch seine lebhaften Formen. Das Gefäß ist mit Olivenzweigen umwickelt und korrespondiert so mit den Zweigen der Zierkirsche. Das spannungsreiche Arrangement ist der Brennpunkt des Raumes.

Große Arrangements

Der Frühling ist die Jahreszeit für ausladende Arrangements. Die kahlen Zweige erwachen aus ihrem Winterschlaf und überziehen sich plötzlich mit frischem Grün, mit Blättchen und Blüten. Kirsche, Pflaume und Apfel blühen willig und passen in ihren zarten Tönen zu jedem Interieur, sei es nun traditionell oder modern angelegt.

Große Schalen mit Anthurien, *Fritillaria* oder Hortensien ergeben markante Blickpunkte in großen Räumen.
Sie verlangen weite, schwere Gefäße. Passende Behältnisse finde ich übrigens oft auf Kunstmärkten und in Galerien. Viele sind Unikate, die der Komposition zusätzlichen Reiz verleihen. Je ausladender das Arrangement, desto attraktiver sollte das Gefäß sein. Frei stehende Arrangements nehmen fast die Funktion einer Skulptur an. Alle großen Gefäße lassen sich verwenden. Falls die Gefäßwände porös sind, stellen Sie entweder eine kleinere Vase mit Wasser hinein oder – für ein Gesteck mit Steckmasse – kleiden sie das Gefäß mit Plastikfolie aus, damit Boden und Möbel nicht durch Feuchtigkeit beschädigt werden.

Form

Manche Pflanzen wachsen hoch und spitz, andere rund und kuppelförmig. Die einen entwickeln asymmetrische, skurril anmutende Formen, die anderen wirken gerade und »ordentlich«. Gartenarchitekten achten bei der Planung von Außenanlagen sehr auf die Wuchsformen der Pflanzen. Mir geht es bei meinen floristischen Arbeiten ähnlich. Immer betrachte ich zunächst die Pflanze in ihrer natürlichen Umgebung. Daraus ergeben sich passendes Blattwerk und mögliche farbliche Ergänzungen. Wenn Sie nur die Blume selbst und nicht die Form und Symmetrie der ganzen Pflanze beachten, geht etwas von ihrem Reiz verloren.

Das Wachsen und Blühen der Pflanzen ist für mich ein tägliches Wunder. Nehmen Sie sich Zeit, die Formen in ihrem ständigen Wandel zu studieren. Besonders lichtsensible Blumen recken und bewegen sich auch in der Vase ständig. *Fritillaria* drehen sich immer zum Licht.

Tulpen treiben ihre Spielchen mit dem Betrachter, da sie in gemischten Arrangements versuchen, die anderen Blüten zu übertrumpfen und über sie hinaus zu wachsen. Dann wieder biegen sich die Stiele und die Blüten hängen nach unten. Hochgezüchtete Papageientulpen besitzen wunderschöne Blüten, die aber viel zu schwer für die schwachen Stiele sind.

Manche Blüten sind so dominant, dass sie sich nicht zur Kombination mit anderem Material eignen. Gladiolen finde ich für sich allein wunderbar. Sie können durch Beiwerk nur verlieren. Solche Blumen sind etwas aus der Mode gekommen, weil sie oft falsch oder in unpassenden Mischungen verwendet wurden. Sie gehören einfach nicht in niedliche Blumensträuße, und in streng auf den Betrachter hin orientierten Gestecken wirken sie zu steif.

Weiße *Lilium longiflorum* sind ein weiteres Beispiel. Sie finden in schlichtem Kirchenschmuck seit Jahrhunderten Verwendung und bestechen ohne jedes Beiwerk mit ihrem makellosen Grün. Wie anregend ist das Schauspiel ihrer Entwicklung von der grünlichen Knospe bis zur trompetenförmigen weißen Blüte mit goldgelben Staubgefäßen und einem wirklich himmlischen Duft!

Oben Wie eine Parodie auf die Blüten der hohen, aufrechten Fackellilien ('Royal Standard') wirkt die an der Basis dicht eingesteckte Schafgarbe 'Moonshine'.
Rechts Möchten Sie rote Rosen richtig gut herausbringen? Dann stecken Sie wie hier zwei Dutzend 'Grand Prix'-Blüten kuppelförmig in feuchte Steckmasse und dann in ein stark kontrastierendes Gefäß wie diese blaue dreieckige Schale.
Rechts außen Der Stern aus getrockneten Blüten hält lange und bringt Pfiff in die Küche. Umwickeln Sie einen Styroporstern mit Streifen von gelbem Krepppapier, auf das Sie getrocknete Sonnenhutblüten *(Rudbeckia laciniata)* kleben, bis die ganze Oberfläche bedeckt ist.

Andere längliche Wuchsformen wie bei Fingerhut, Lupinen und Steppenkerze strahlen nicht weniger Individualität aus. Ich liebe sie alle, vermitteln sie doch einen Hauch von Eleganz und besonderem Reiz. Genauso faszinierend finde ich gerade Prachtscharten *(Liatris)*, die im Gegensatz zu den Blumen von oben nach unten zu blühen beginnen. Die meisten großen Blumen wie Rittersporn, Eisenhut und Löwenmäulchen öffnen die Blüten zuerst unten am Stiel.

Immer wieder erstaunen die bizarren Wuchsformen mancher Blumen, die sich beim Wachsen ständig ändern. Die Fackellilie ist im Moment bei Blumenkünstlern wegen ihrer skurrilen Stieldrehungen sehr beliebt. Sie vermittelt den Eindruck von Leben und Bewegung. Manche Floristen drahten die Stängel sogar, um sie absichtlich biegen zu können, was ich persönlich weniger mag. Ich bevorzuge immer ein natürliches Aussehen.

Oben, links und rechts Für die hier gezeigten »Bäumchen« halten Sie die geschnittenen Stiele zunächst fest in der Hand und bilden mit den Blüten eine Kugelform. Direkt unter den Blüten eng zusammenbinden und mit den Stielen fest in ein mit Steckmasse gefülltes Gefäß stecken. Links wurden weiße 'Ludwig's-Dazzler'-Amaryllis und grüne Mohnkapseln verwendet, rechts *Clivia*. Die Steckmasse ist hier mit rotem Sand bedeckt.
Rechts Zwei Blütenpompons werden von einem dickeren Birkenstab getragen, der mit schnell abbindendem Zement im Gefäß befestigt ist. Die Kugeln sind aus mit Moos gefülltem Kaninchendraht geformt, der mit dickem Steckdraht fixiert wird. In die kurzen Stiele der bunten *Gerbera* von unten einen Draht als Stütze schieben und in das Moos stecken. Der Zement ist mit Steckmasse bedeckt, in die getrocknete Ringelblumen gesteckt sind.

Oben links Anthurienblüten wirken in ihrer Ausgefallenheit fast künstlich. Daher passen sie gut zu sehr formalen, stilisierten Materialien. Die runde Form kontrastiert mit spitzen, linearen Pflanzenteilen – beispielsweise dünnen Zweigen der Korkenzieherweide.
Oben rechts Auch die schwertförmigen Blätter des Neuseeländer Flachses ergeben einen kontrastreichen Partner zu der grünen Anthurie 'Midori' und ihrem roten Gegenstück 'Tropical'. Zusätzlichen Witz erhält die Komposition durch die Kombinationen: grüne Anthurien mit roter Vase, rote Anthurien mit gelber Vase.
Links Die Wiederholung von Gestaltungsformen wirkt beruhigend. Hier verschönern drei *Scirpus cernuus* am Wannenrand das Bad. Die hässlichen Plastikröhren, in denen sie stecken, sind mit Schachtelhalmen verkleidet.

Jede Blume und Pflanze, wie auch immer geformt, ist als Schmuck geeignet. Manche, wie die Schopflilie *(Eucomis bicolor)* wirken wunderbar zart. Die dicken fleischigen Rosetten aus der Familie der Echeverien liefern die interessantesten Blattformen.

Die Erscheinungsform einer Pflanze bestimmt bereits die Art des Gefäßes. Generell gilt, dass lange Stiele hohe Vasen verlangen, wenn auch der aktuelle Trend dahin geht, eine Menge an Blumen nur eben über den Rand hinausragen zu lassen. Wenn Sie experimentierfreudig sind, lassen sich hohe Gestecke sogar in flachen Schalen arrangieren, wie Seite 52 zeigt. Wie uns das japanische Ikebana gelehrt hat, wirken ausgefallene Pflanzen am besten in sehr schlichten Behältnissen. Die Gefäße sollen nicht von der Schönheit der Blüten oder Blätter ablenken. Meist gilt auch, dass markante Blumen am besten in einfachen modernen Gefäßen aufgehoben sind.

Paradiesvögel

Dieses tropische Arrangement vor einer knallroten Wand lebt von den markanten Pflanzenformen.

Füllen Sie einen Pokal bis 3 cm über den Rand mit eingeweichtem Steckschaum. Schneiden Sie die Stiele von Blumen und Grün auf die passende Länge und entfernen Sie die untersten Blätter von den Stängeln. Die Strelitzien werden gesteckt und mit Dreiergruppen von Artischocken *(Cynara cardunculus)* und Proteengewächsen *(Leucospermum cordifolium)* umgeben. Noch sichtbare Steckmasse wird mit Salal *(Gaultheria shallon)* und *Hebe* kaschiert.

Material:
5 Strelitzien (Paradiesvogelblumen)
9 Artischocken
9 Nadelkissen-Proteen
Zweige von *Gaultheria shallon* und *Hebe*

Strukturen

Ich kann einfach nicht an Wollziest vorbeigehen, ohne dass ich die weichen Blätter streicheln möchte. Dagegen komme ich – wie die meisten Menschen – nach Möglichkeit stacheligen Kakteen nicht zu nahe. *Gerbera*-Blüten sind weich und samtig, die meisten Distelarten dagegen rau und piek-sig. Ranunkeln, die zu meinen Lieblingsblumen gehören, haben feine, zart strukturierte Blütenblätter, die kurz vor dem Vergehen fast am schönsten sind. Sie wirken dann zart und leicht, wie kleine Flügel, die sich als buntes Konfetti von der Blüte lösen.

Die Oberflächenstrukturen sind ein wichtiges Element beim Gestalten mit Blumen. In modernen floralen Kompositionen tragen sie viel zum gelungenen Gesamteindruck bei. Wie Sie auch bei der Kleidung meist mehrere Stoffe und Texturen kombinieren, so leben Gestecke durch die Kombination von kontrastreich strukturierten Pflanzen. Vor zehn Jahren kam kaum eine floristische Schöpfung ohne ein paar Wolken Schleierkraut zum Auffüllen von Lücken aus. Heute bedient man sich lieber klarer, grafisch anmutender Pflanzenformen wie rundem Zierlauch *(Allium)* oder spitzen Milchsternen. Weitere Strukturelemente sind Beeren, Samenkapseln und Gräser. Die einstmals saisongebundene Johanniskraut-Beere ist heute so populär, dass sie das ganze Jahr über verkauft wird.

Schauen Sie sich die Oberflächen des Pflanzenmaterials genau an, um es möglichst vorteilhaft einzusetzen – beispielsweise samtige Celosien, die stachelig wirkenden, in Wahrheit aber weichen *Leucospermum*-Proteengewächse oder die ledrigen Blätter des immergrünen Lorbeers. Sie werden sehen, dass glänzende Oberflächen optisch aus dem Gesteck hervortreten, während matte in den Hintergrund treten. Bei Fotoarbeiten macht der Fotograf daher oft zunächst eine Schwarzweiß-

Oben Hellgelbe *Gerbera* erhalten einen grünen Rahmen aus bündelig zusammengedrahteten Nelkenstielen, von denen alle Blätter entfernt wurden. Dadurch kommt die knotige Linienführung gut zur Geltung. Die dicht gesteckten Blütenkissen betonen die unterschiedlichen Strukturen.
Oben rechts Kurze Stielabschnitte von Schachtelhalmen verdecken bei diesem Blütenbäumchen die Steckmasse.
Rechts Durch den Glasbehälter bekommt das Arrangement automatisch eine neue Dimension. In Verbindung mit weichen, samtigen Primeln und deren runden Blättern wirkt der schroffe Kies durch die sanften Glaswände hindurch erstaunlich weich.
Rechts außen Ich mag Rosa – je knalliger, desto besser! Das ausgewogene Gesteck aus zarten 'Pinkie'-Kornblumen im rosa Gefäß mit rosa gefärbtem Kies führt die Kornblumen vom Kornfeld glatt ins nächste Jahrtausend!

Polaroid-Aufnahme von meinen Arrangements. Ohne die Ablenkung durch Farben zeigt dieses Hilfsmittel, wie die Strukturen zueinander wirken. Vergleichen Sie Ihr Gesteck mit einer Patchwork-Arbeit, bei der ebenfalls unterschiedliche Stoffstrukturen dem Ganzen Spannung und Leben verleihen.

Tatsächlich lassen sich auffällige Arrangements für Hochzeiten und sonstige festliche Anlässe am besten mit unterschiedlich texturierten Blumen anfertigen, die großzügig gruppiert direkt nebeneinander gesteckt werden. Anregungen für gute Kombinationen finde ich nicht selten auf dem Obst- und Gemüsemarkt. Am Rand angeordnete Weintrauben bringen mit ihrer sanft glänzenden Haut ein zusätzliches Element in die Mischung. Glänzende rote und grüne Äpfel bilden kräftige Farbtupfer.

Die interessantesten Strukturen liefern oft Blätter. Kameliengrün, Stechpalme und Gardenie wirken glatt und glänzend. Gardenien verwende ich reichlich für Hochzeitsschmuck. Das dunkle Grün der Blätter lässt die reizenden cremeweißen wachsartigen Blüten exzellent zur Geltung kommen. Zarte Blätter bieten wieder ganz andere Gestaltungsmöglichkeiten. Leichte Jasminranken eignen sich ebenfalls ausgezeichnet für Brautsträuße, wenn die Braut in weichen Organza gekleidet ist. Hat sie dagegen einen schwereren Stoff gewählt, sollte die kräftige Struktur der Kranzschlinge verwendet werden.

Die ausgefallensten Strukturen liefern Kakteen und Sukkulenten, ob mit wachsartigen, glatten

Oberflächen, haarigen oder dornigen. Dazu kommen bei vielen Sorten kräftig bunte Blüten. Ihre nüchternen Formen passen hervorragend in moderne Räume. Sie sind sehr pflegeleicht und nehmen es einem nicht einmal übel, wenn man wochenlang das Gießen vergisst.

Riskieren Sie ruhig einmal ausgefallene Kombinationen, wenn Sie mit Strukturen experimentieren. Ich verwende gerne stachelige Edel- und Kugeldisteln zusammen mit sanft anmutenden Sommerblumen. Selbst Maiglöckchen, zartrosa Rosen und flauschige, silbrige *Brachyglottis* ›Sunshine‹ habe ich schon mit Edeldisteln kombiniert – für meinen eigenen Brautstrauß. Die weichen, irisierenden grauen Härchen von *Brachyglottis* sehen neben hellem Rosa oder Babyblau fantastisch aus. Metallisch glänzendes Beiwerk wie panaschierter weiß-grüner Efeu dagegen würden etwas hart wirken.

Die feste, knorrige Struktur von kahlen Zweigen ergänzt die weichen Formen der Kalla. Wollige Mooskissen passen gut zu Walnüssen, glänzende

Rechts Ähnlich wie einfaches Plattenmoos ist diese wertvolle Variante (Pompon-Moos) aus den Tropen geformt. Da das Moos an kurzen Stielen wächst, lässt es sich gut als »Unterbau« am Vasenrand einarbeiten. Für diesen exquisiten Chincherincheen-Strauß reichen fünf Mooskissen aus.
Mitte Christliche Familien stellen nach altem Brauch im Advent einen Kranz mit vier Kerzen auf, die nacheinander an den vier Sonntagen vor Weihnachten entzündet werden. Hier sehen Sie mit einer großen Würfelkerze eine ganz ungeahnte Variation des Themas. Zweige des Orangenbaumes und lila Zierlauch bilden den pflanzlichen Schmuck.
Rechts außen Dieses Gesteck schuf ich für ein Sommerfest im Freien. Die Glasvase ist mit Zierlauch der Sorte 'Purple Sensation' sowie dazu passendem blauen Rittersporn gefüllt. Zusätzlich wurde sie auf ganzer Höhe mit weiteren Lauchblüten umflochten.

Lorbeerblätter kontrastieren herrlich mit den gelben Kugelblüten der Mimose. Blumen, wie die Chrysanthemen der 'Santini'-Gruppe, wirken neben Farbe und Form durch ihre interessante rauhe Struktur. Verarbeiten Sie sie zusammen mit weichen rundlichen Blüten- und Blattformen.

Wenn Sie aus ganz gewöhnlichen Blumen etwas Besonderes zaubern möchten, stellen Sie sie mit einigen ausgefallenen Blüten oder Pflanzenmaterial völlig anderer Struktur zusammen. Selbst die etwas langweilige gefüllte Herbstaster löst, durch knackige Zierkohlblätter oder matt schimmernde Zierkürbisse aufgepeppt, so noch Überraschungsrufe aus.

Interessante Effekte ergeben sich, wenn Sie Blumen zusammen mit Wasser präsentieren. Sprenkeln Sie ein paar Tropfen auf eine samtige Rosenknospe, sie wirkt wie frisch aus dem Paradies. Besprühen Sie Bubiköpfchen mit einem feinen Wassernebel, so dass auf den Blättern winzige Tröpfchen schillern.

Oft werden Pflanzenabfälle, Blätter und anorganisches Material weggeworfen. Vieles davon könnte in seinen interessanten Strukturen aber weiter verwendet werden. Nelkenstiele beispielsweise haben markante Knoten. Diese verleihen den eher traditionellen Blumen einen modern grafischen Touch. Moos mag Ihnen zunächst nur zum Abdecken von Steckmasse nützlich erscheinen. Doch die lebendig wirkenden Kissen eignen sich zu weit mehr. Mit den hohlen Stängeln von Schachtelhalm, in Segmente geschnitten, kann Steckschaummasse reizvoll abgedeckt werden, in die beispielsweise ein künstliches Bäumchen gesteckt ist. Kies lässt sich ebenso wie Moos zum Kaschieren verwenden – ob unbehandelt oder mit Sprühfarben bunt eingefärbt. Baumrinde, Steine und Muscheln sind weitere meist von der Natur gratis bereitgestellte Materialien. Sie alle bereichern mit ihren interessanten Oberflächen. Selbst Sand kommt in der Blumenkunst nicht nur in langweiligem Beige, sondern in vielen Schattierungen von Schwarz bis Reinweiß zum Einsatz.

Interessante optische Effekte schaffen Sie ohne viel Aufwand, indem Sie Pflanzen mit ausgefallenen Wuchsformen verwenden. Sie wirken witzig und erfrischend und halten viel länger als Schnittblumen. Kissenartig wachsende Kräuter wie Zwergthymian (*Thymus serpyllum* 'Elfin') mit seinen winzigen runden glänzenden Blättchen ist hier eine gute Wahl. Die strengen Formen der Echeverien mit ihren fleischigen sukkulenten Blattrosetten bilden einen ebenso attraktiven Blickfang wie einige der langwachsenden Kalanchoen. Viele haben grüne Blätter, die sich unter Sonneneinstrahlung rot bis dunkelrot färben und damit zusätzliche Aufmerksamkeit erregen.

Pflanzen für Struktureffekte

Blumentöpfe Die drei hohen Keramikgefäße in den aufeinander abgestimmten Pastelltönen Gelb, Blau und Grün habe ich für die gezeigte Präsentation zunächst mit Moos gefüllt. In jedes Gefäß setzte ich anschließend eine Korallenbeere *(Nertera)* mit hübschen orangen Beeren. Das Moos dient dazu, Feuchtigkeit zu speichern, damit die Pflanzen nicht so schnell austrocknen. Statt dessen können Sie auch zerknülltes Zeitungspapier oder Zellophan für den Unterbau verwenden.

Blauer Keramikstern Bubiköpfchen lassen sich herrlich zu vielfältigsten Gestaltungideen verwenden und wirken immer wieder anders. Sie sind sehr pflegeleicht und müssen nur regelmäßig gewässert werden, damit sie ihr frisches grünes Aussehen behalten. Sie vertragen auch ungünstige Lichtverhältnisse, so dass sie nicht direkt am Fenster stehen müssen. Die Pflanze ist in mehreren Nuancen von blassem Graugrün bis hin zu leuchtenden, satten Grüntönen erhältlich. Hier habe ich drei verschiedene ausgewählt und sie einfach in etwas Blumenerde in ein flaches sternförmiges Gefäß gesetzt. Die zarten Blättchen bieten einen entzückenden Kontrast zu den strengen Linien des Sterns.

Ungewohnte Effekte erreichen Sie auch mit großen flachen Schalen, die Sie mit niedrigem Gras oder Moos bepflanzen. Ein solches Behältnis als ausgefallener Tafelschmuck bringt ein Stück Natur in die Wohnung. Damit Moos und Gras schön grün bleiben, bitte das regelmäßige Gießen nicht vergessen. Ansonsten sind sie anspruchslos.

Dschungelmoos oder Spanisches Moos *(Tillandsia usneoides)* gehört botanisch nicht zu den Moosen, sondern zu den Bromeliengewächsen, die ohne eigene Wurzeln existieren. Die Pflanze mit niedrigen grauen, drahtig verzweigten Stielen lässt sich auf einem Rindenstück kultivieren. Als Ergänzung eignen sich sattgrüne Mooskissen in einer flachen Glasschale.

Die schönsten Effekte erzielen Sie bei solchen Pflanzen mit Gefäßen, die normalerweise für andere Zwecke gedacht sind und sich farblich gut vom Blattgrün abheben. Dreier- oder Fünfergruppen wirken weit spektakulärer als leicht zu übersehende Einzelexemplare. Selbst altmodische Arten wie der Bogenhanf *(Sansevieria)* wirken als Gruppe in rechteckigen Töpfen erfrischend modern.

Vasen und Gefäße

Möchten Sie selber Blumenschmuck gestalten, sollten Sie sich etliche passende Gefäße zulegen. Sie beeinflussen die Gesamtwirkung ebenso wie das Pflanzenmaterial.

Auch wenn Glas meistens die bevorzugte Wahl darstellt, braucht selbst eine einfache Plastikschale nicht verachtet werden. Mit etwas Fantasie wird daraus ein einmaliges Behältnis für ausgefallene Ensembles. Reizvolle Effekte lassen sich auch durch Verkleiden einfacher Vasen mit einer genau auf die ausgewählten Blumen abgestimmten Stoffhülle erreichen.

Glas

Glas ist sehr vielseitig. Ich mag es gerne, weil es aufgrund seiner Durchsichtigkeit auch die Stiele zeigt und damit einen Blick auf die ganze Blume erlaubt.

Glas bietet uns eine Fülle an gestalterischen Möglichkeiten. Eine neue Dimension ergibt sich, wenn das Befestigungsmaterial sichbar ins Konzept mit einbezogen wird. Glas lässt sich mit verschiedensten Gegenständen füllen: Verwenden Sie einmal Muscheln, Steine, kleine Früchte oder Gemüse, um Blumen und Stiele in Position zu halten.

Wenn Sie die Glasbehälter mit farbigen Materialien füllen, erhält das Arrangement zusätzlichen Reiz. Wie wäre es einmal mit kleinen Tomaten, Orangen- oder Zitronenscheiben, kleinen Chilischoten oder Beeren? Leider hält die Füllung nur etwa einen Tag, da die Pflanzenteile im Wasser schnell zu faulen beginnen.

Ähnliche Wirkung erreichen Sie aber auch, wenn Sie zwei unterschiedlich große Glasgefäße ineinander stellen und den Raum zwischen den Wänden dekorativ füllen. In diesem Fall können Sie sogar Materialien verwenden, die nicht mit Wasser in Berührung kommen sollen, wie Potpourri, Moos oder Sand. Ist die Vase zu klein, um noch eine zweite aufzunehmen, so benutzen Sie ersatzweise kleine Phiolen aus dem Blumenladen, in die Sie die Schnittblumen stellen.

Für winzige Kissenprimel- oder Veilchensträuße verwende ich gerne einfache Wassergläser, Becher oder Champagnerflöten. Falls Sie dagegen eine sehr große Vase mit weitem Hals füllen, fixieren Sie Klebstreifen oder Floristik-Klebeband um die Öffnung. Die Stiele können daran befestigt werden, so dass sie weder in die Vase rutschen, noch hinauskippen.

Glas wird in unendlich vielen Designs und Formvarianten von klassisch bis postmodern angeboten. Mundgeblasene Stücke mit all ihren kleinen Bläschen und Unregelmäßigkeiten sind besonders attraktiv. Blumen darin sehen aus, als stünden sie in sprudelndem Wasser. Milchglas und mattierte Oberflächen sind ebenfalls eine gute Wahl. Besonders mag ich Exemplare, die an Eis erinnern.

Verwenden Sie eine klare Glasvase, so sollte diese wirklich makellos sauber sein. Nach jedem Waschen wird sie mit einem Geschirrtuch gut abgetrocknet. Wenn sich die ersten Schlieren im klaren Wasser bilden, ist es Zeit, die Vase gut auszuwaschen und wieder neu zu füllen. Etwas Frischhaltemittel erhöht die Lebensdauer der Blumen.

Stellen Sie das Gesteck so auf, dass die Sonnenstrahlen das Glas zum Funkeln bringen und ihm dadurch zusätzlichen Reiz verleihen.

Linke Seite Ausgefallen – *Gerbera* in wassergefüllten Phiolen in einem mit kleinen Zieräpfeln gefüllten Glasgefäß.
Oben links Rote Chilischoten, Orangenscheiben und kleine rote Beeren, die durch die Glasvasen leuchten, sind wichtige Bestandteile dieses Raumschmucks.
Oben Mitte Auf ähnliche Weise eingesetzte Muscheln bringen einen Schimmer Luxus in das einfache Rosengesteck.
Oben rechts Roter und gelber Sand, schichtweise in die Sektflöte gefüllt, unterstreichen die Blütenfarben der Primel.
Oben Der streng wirkende, mit schwarzen und weißen Sandschichten gefüllte Glaspokal lässt die Maiglöckchen im Kontrast besonders zart und fein erscheinen.

Links und rechte Seite Zarte, romantische Blütenkissen eignen sich als Tafelschmuck für eine Hochzeit. Hier sind die Blüten – cremefarbene Rosen und zartgelbe Fresien – in einen Plastikbehälter gesteckt, der mit Ginstertrieben kaschiert wird. Der Ginster wird mit Bindfaden gehalten. **Unten** Zweigchen des australischen Grasbaumes *(Xantorrhoea australis)* geben bei ähnlicher Verwendung ein etwas strengeres Gepräge. Diesmal reicht der Steckziegel nicht über den Gefäßrand hinaus; das Ergebnis wirkt geometrischer und formalistischer als im vorigen Beispiel.

Vergängliche Gefäße

Nichts ist interessanter als selber Behältnisse zu entwerfen. Es ist wirklich nicht schwer. Ich persönlich stimme den Rahmen gern auf besondere Gelegenheiten ab.

Pflanzenmaterial, das Sie zum Umhüllen von Gefäßen verwenden, wirkt, als ob es noch weiterwachsen würde: Ginsterzweige oder Rosmarin, aber auch große glatte Blätter von Lorbeer, Magnolie, Eukalyptus und ähnlichen Pflanzen. Teilstücke von Bambusrohr oder sonstigen länglichen Pflanzenformen wie grüne Bohnen, Zimtstangen, Stangensellerie, Rhabarber und Spargel sind ebenso ausgefallen wie praktikabel.

Natürlich können Sie das Gefäß nach Belieben auch mit bunten Schleifen oder Bändern, mit Schnur oder einer Kordel umwickeln.

Sehr gerne verwende ich breite metallische Lochbänder aus Gold- und Silber. Sie wirken edel und festlich. Was auch immer Sie sich ausdenken, es wird einzigartig und einmalig sein. Zunächst benötigen Sie nur ein Plastikgefäß sowie doppelseitiges Klebeband oder eine Klebepistole. Damit befestigen Sie das gewählte Material am Behälter. Handelt es sich um Folie, Blätter oder Zweige, helfen bei Bedarf große Gummibänder, sie vorerst in Position zu halten. Ist das Plastik vollkommen bedeckt, geben Sie dem Ganzen mit einer Schleife aus Bast, Seegras oder Kordel den letzten Schliff, bevor Sie das Gummiband durchschneiden.

Auch dickere Zweige oder Aststücke ergeben hübsche »Einweg«-Gefäße. Mehrere gleich lange und dicke Abschnitte – bei Bedarf zurechtgestutzt – werden paarweise rechteckig aufeinander geschichtet, so dass immer das nächste Paar im rechten Winkel über dem vorigen liegt.

Links und oben Der harte und dennoch frische Farbkontrast zwischen tiefblauen Sofas und künstlich eingefärbten zitronengelben Amaryllisblüten ist kaum noch zu überbieten. Wenige zarte *Oncidium*-Orchideen aus Singapur mildern die strenge Umrisslinie der Gestaltung etwas ab. Der Behälter wurde einfach völlig mit einem passenden, locker gewebten Band umwickelt. Mehr Schmuck ist für den modernen Wohnraum nicht nötig.

Gegenüber, oben Ranunkeln in vielen verschiedenen Farbtönen gehören immer wieder zu meinen Lieblingsblumen. Um einen optisch etwas kühleren Gegenpol zu den glühenden Blütenfarben zu erhalten, habe ich das Gefäß mit flachen, rundlichen silbrigen Eukalyptusblättern kaschiert. Zum Befestigen der Blätter eignet sich doppelseitiges Klebeband.

Gegenüber, links unten Dem hier verwendeten simplen Plastikgefäß habe ich mit etwas goldfarbenem Gitterband ein festliches Gepräge verliehen. Dazu kommen ein paar skurril gewundene, goldbesprühte Wisteria-Zweige, die über das Gefäß gelegt sind. Extra lang wurden die reizenden lachsfarbenen 'Lambarda'-Rosen gelassen, um dem Gesteck Höhe und Eleganz zu verleihen. Schließlich wurde noch der Steckschaum mit orange eingefärbtem Kies verdeckt.

Gegenüber, rechts unten Dicke Baumwollkordel, mit doppelseitigem Klebeband befestigt, verwandelt simple Plastikbehälter in ungewöhnliche Gefäße für sommerliche Gartenfeste. Das hier gezeigte ist mit ein paar weißen *Phalaenopsis*-Orchideen besteckt, die in wassergefüllten Phiolen in weißem Sand stecken. Derartige Arrangements sind übersichtlich und kompakt.

Befestigen Sie die Stangen mit Bast oder einem Bindfaden, bevor Sie das Kistchen mit dicker Plastikfolie auslegen. Hinein kommen Blumen oder Pflanzzwiebeln. Lücken werden mit Moos gefüllt.

Die Schale wird zunächst mit gewässertem Steckschaum gefüllt, worin die Blumen dann Halt finden. Für kuppelartige Gestaltungen sollte die Steckmasse etwas höher als der Gefäßrand belassen werden. Das eingesteckte Material kann dann leicht über den Rand hinausragen. Bei flacheren Arbeiten wie dem auf Seite 70 gezeigten Rosengesteck lassen Sie den Steckschwamm genau mit dem Gefäßrand abschließen. Schwere Blumen mit dicken Stielen wie Amaryllis oder Hyazinthen halten besser in Maschendraht mit 5 cm Maschenweite statt in Steckmasse. Das Drahtgitter wird mit Klebeband im Gefäß fixiert, bevor mit dem Stecken begonnen wird, so dass es nicht verrutschen kann.

Große Früchte und Gemüse ergeben ebenfalls spektakuläre Einweggefäße. Sie halten nicht lange, sind aber für festliche Anlässe dennoch lohnenswert. Höhlen Sie die Frucht oder das Gemüse aus und legen es innen mit Plastikfolie aus. Hinein kommt ein passender Steckschwamm, in den das Pflanzenmaterial wie üblich gesteckt wird. Kürbisse werden traditionellerweise im Herbst zum Halloween Fest (dem Tag vor Allerheiligen) verwendet. Alternativen sind neuere Kürbisformen wie Patissons, daneben aber auch Kokosnüsse, große Artischocken oder Melonen und für kleinere Gestecke sogar Zucchini und Paprikaschoten.

Links, Mitte und rechts Freche Designs wie diese mit sanft geschwungenen Blockstreifen verzierte Vase verlangen markantes Pflanzenmaterial als optischen Ausgleich. Von links nach rechts wurden hier ausgewählt: Drei Stiele *Gerbera* 'Orca' mit schwarz besprühter Korkenzieherweide; silbrige *Brunia* mit tiefroten 'Bacarolla'-Rosen; zwei weiße Anthurien der Zuchtsorte 'Akropolis', ebenfalls mit schwarz besprühten Zweigen der Korkenzieherweide kombiniert.

Klassisches Terrakotta

Terrakotta bedeutet »gebrannte Erde«. Tontöpfe sind seit Jahrtausenden bekannt und gehören in der Floristik einfach dazu.

Einfache Tontöpfe erweisen sich als perfekte Behälter, weil ihre porösen Wände den Pflanzen das Atmen erlauben, gleichzeitig aber Wasser speichern. Sie eignen sich gut für kleine Gestecke, die von Gästen nach dem Besuch mit nach Hause genommen werden können.

Traditionelle Blumentöpfe aus Ton haben eine elegante Form, die nach Belieben mit einer Schleife oder etwas Bast verziert wird. Mit ein paar Kniffen lassen sie sich aber auch richtig verkleiden. Am einfachsten verpassen Sie ihnen mit Hilfe von Farbsprays oder Spezialfarben (Krakeleelack, Patinalack etc.) eine bunte Oberfläche. Wenn Sie den Topf auf dem Teller eines alten Plattenspielers – ähnlich einer Töpferscheibe – rotieren lassen, können Sie die Farbe exakt in Streifen auftragen. Oder Sie verhüllen den Topf nur teilweise mit Blattskeletten oder mit einem modern anmutenden Scherbenmosaik. Wie ein Chamäleon passt sich der schlichte Tontopf jedem Geschmack an.

Linke Seite, im Uhrzeigersinn Traubenhyazinthen, Veilchen, Anemonen und Hortensienblüten korrespondieren farblich exakt mit dem gestreiften Tontopf. – Spätblühende, gefüllte dunkelrosa Tulpen sind locker in einem mit buntem Glasmosaik verschönerten Terrakottatopf arrangiert. – Eine Hand voll blauer 'Mona Lisa Blue'-Anemonen wurde zusammen mit etwas Moos an der Basis in ein winziges Blütenbäumchen verwandelt, das den letzten Pfiff durch eine passende Bastschleife um den Topf erhielt. – Der vierte Topf ist goldbesprüht und mit ebenfalls vergoldeten, hauchfeinen Skelettblättern beklebt. In der dicken, von dunkelroten 'Black Beauty'-Rosen dicht umsteckten Stumpenkerze wiederholt sich der Goldton.
Links Blickfang – ein mit passenden Streifen bemalter Tontopf mit einer schlichten gelben Ranunkel-Pflanze.

Üppige Stoffhüllen

Können Sie Ihre ständig benutzte alte Glasvase nicht mehr sehen? Kein Problem: Verhüllen Sie sie einfach dekorativ mit einem auf die Blumen abgestimmten Stoffrest, den Sie mit doppelseitigem Klebeband befestigen. Wählen Sie möglichst Vasenformen, um die sich zur zusätzlichen Befestigung eine Schleife oder Kordel schnüren lassen. Bei durchscheinenden Stoffen nehmen Sie am besten neutrale Glasvasen, die die Stängel erkennen lassen und dadurch für einen ganz speziellen Effekt sorgen.

Stöbern Sie ein bisschen in Stoffläden herum – bald bekommen Sie ein gutes Auge für die beste Stoffwahl. Hauchfeiner Chiffon, elastischer Jersey oder rauer Tweed sind eine gute Wahl, ebenso wie Deko- und Polsterbezugsstoffe. Musselin und preiswerte Stores ergeben ebenfalls traumhafte Hüllen. Edler Brokat passt in ein gediegenes, in Stil eingerichtetes Ambiente, während Leinen eine bezaubernde Landhausatmosphäre verbreitet.

Bauerngartenblumen wie Narzissen sind in Rupfen- oder Leinenstoff perfekt aufgehoben, während die ebenfalls gelben edlen Kallablüten eine optimal abgestimmte Hülle aus blauem Samt mit einer Goldkordel erhalten. Der Stoff bestimmt weitgehend den Stil des Arrangements.

Links Sackleinen oder Rupfen, mit grober Schnur gehalten, ergänzt in idealer Weise einen sehr natürlich anmutenden Strauß aus gelben 'Tahiti'-Narzissen und Birkenzweigen mit noch fest geschlossenen Knospen.
Rechts Kalla gehörte Ende des letzten Jahrhunderts zu den Modeblumen des Jugendstils. Ihre Eleganz ist aber zeitlos. Auch die in üppigen Falten drapierte lila Samthülle scheint ins 19. Jahrhundert zu gehören und ergänzt die Blüten ideal, zumal hier harte und weiche Oberflächen sowie komplementäre Farbtöne aufeinandertreffen – was dem Arrangement einen Hauch von Luxus und Dekadenz gibt.

Oben links Goldbesprühte Kallablüten, feines Goldband und golden getupfter Tüll verbinden sich zu einem stilvollen, glitzernden Ensemble – gerade richtig für eine glanzvolle Party.
Oben Mitte Rot, Silber, Violett und Kerzenschein – was könnte romantischer sein. Hier habe ich rote Skimmie, dunkelrosa Rosen und violettfarbene Anemonen in feuchter Steckmasse, die auch die Kerze hält, verarbeitet. Und schon kann das Candle-Light-Dinner in Szene gesetzt werden!

Oben rechts Lindgrün und Rosa verbinden sich zu einer fröhlichen Mischung. Ranunkeln in verschiedenen Rosatönen in einer grellen Hülle mit rosa Bastschlinge schmücken bei sommerlichen Einladungen den Tisch.
Unten Wenn Sie sich einmal an traditionellen Weihnachtsdekorationen satt gesehen haben, versuchen Sie diese frostige Mischung aus silber besprühten Zweigen, ebensolchen Lotoskapseln und echten Tannenzweigen. Hinzu kommt eine glitzerige silberne Stoffhülle für das Gefäß sowie eine dicke Kerze.

Die Beispiele zeigen, wie unterschiedlich Stoffe wirken. Alle Vasengrößen eignen sich zum Verkleiden. Für große Gestecke wählen Sie Plastiktöpfe aus dem Gartenhandel und Gewebe passend zur Blütenfarbe, die Sie mit Gardinenkordel oder dicker Schnur umwickeln. Stoffhüllen bedeuten nicht automatisch Rüschen und feminine Töne: Starke Farben und kräftige Strukturen können auch Männern gefallen. Noch sachlicher wirken wildlederartige Gewebe und lederne Schuhbänder.

Hauchzarter Tüll wurde in üppiger Fülle um eine Glasvase drapiert, um eine fast märchenhafte Stimmung zu zaubern. Die Feinheit des Gewebes wiederholt sich in den zarten Wickenblüten. Bei diesem Anblick muss ich unweigerlich an eine sommerliche Gartenhochzeit denken.

Variationen zum Thema

Genauso wie schlichte Vasen lässt sich auch ein einfaches Wasserglas durch Stoffhüllen für viele verschiedene Anlässe passend »einkleiden«. Es ist wie ein Schauspieler, der für jede Szene in ein neues Kostüm schlüpft und anders geschminkt wird. Sie sehen hier, was Sie alles aus dem Glas zaubern können.

Das Glas gibt einem Blütenbäumchen im Miniformat Halt. Dazu werden die Blumenstiele in feuchte Steckmasse gesteckt. Die Vase wird außen mit Blättern, Stielen oder Zweigen beklebt. Lockerer wirken ohne Steckhilfe lose eingesteckte Blüten, wobei das Glas wiederum mit passendem Material verkleidet wird.

Statt der Hülle kann es auch mit interessantem Material gefüllt werden, etwa mit witzigen Cocktailtomaten oder ausgefallen geformten Mini-Kürbissen, mit Kieselsteinen, Binsen, biegsamen jungen Zweigen oder Ästen sowie mit glänzenden kleinen Blättern, die die Blumenstiele verdecken.

Links Tränken Sie einen Steckziegel in Wasser, schneiden Sie ihn so zurecht, dass er in ein Becherglas passt. Befestigen Sie rund um das Glas mit starkem Klebstoff dunkelbraune Magnolienblätter. Um die Mitte wird ein passendes Band geschlungen. Arrangieren Sie ein paar kleinwüchsige Sonnenblumen so, dass ihre Blüten eine Kugel bilden. Sie werden direkt unter den Blüten mit einem Band gehalten. Stecken Sie die Stiele fest in die Steckmasse.

Oben Legen Sie ein paar kleine, kräftig gefärbte Patissons in das Glas, bevor Sie es mit Wasser füllen. Die ausgewählten Rosen schneiden Sie auf gleiche Länge und stecken Sie zwischen die skurril geformten Kürbisse ins Glas, so dass die Blütenköpfe nur eben über den Glasrand hinausspitzen.

Rechts Für diese ausgesprochen rustikale Verkleidung winden Sie grobes Sisalband eng um das Glas. Beide Enden werden mit starkem Kleber fixiert. Füllen Sie das Behältnis mit Wasser, bevor Sie das Blumenmaterial hineinstecken: Färberdistel, Melde, fruchtende Johanniskraut-Zweige, Dill und Schilfgras.

Raffiniert umhüllt & gebunden

Blumen sind immer ein charmantes Mitbringsel. Nichts ist in unserer schnelllebigen, technisierten Zeit erfrischender als ein Moment des Innehaltens, ein Blick auf die Wunder der Natur.

Werden die Blumen nett präsentiert, erhöht sich ihr Reiz noch. Und wer wäre nicht berührt von dem Gedanken, dass die passende Manschette, die geeignete Schleife oder die idealen Hüllblätter zur Verzierung speziell für sie oder ihn ausgesucht wurden?

In manchen Kulturen, beispielsweise in Frankreich und Japan, ist das Verpacken von Geschenken eine eigene Kunstform. Wir können von diesen Ländern noch viel lernen. Florale Geschenke erfreuen schon an sich, können aber durch eine fein abgestimmte Verpackung noch deutlich gewinnen.

Sobald ich Blätter aus der Natur als Hüllen für meine Blumensträuße entdeckt hatte, fing ich zu experimentieren an. Zunächst verwendete ich glänzende Lorbeer- und Magnolienblätter, später ausgefallenere tropische Arten. Von einem Gang über den Londoner Obst- und Gemüsemarkt brachte ich die Idee der geteilten Bananenblätter mit. Während man an den Blumenständen nur vollständige Blätter samt ihrer starren Mittelader erhielt, waren die zur Verwendung in der asiatischen Küche bestimmten Exemplare aus Thailand davon befreit. Dadurch ließen sie sich leicht um ein Bukett falten.

Solche ausgefallenen Kreationen sind nicht unbedingt nötig. Halten Sie nach mittelgroßen relativ festen Blättern Ausschau. Die Farbe darf nicht zu aufdringlich sein, um die Blütenfarben im Strauß nicht zu übertrumpfen.

Links Celosien, Edeldisteln und verschiedene tropische Blätter sind hier zu einem reich strukturierten Bukett zusammengefügt.
Mitte und rechts Wunderbare Mitbringsel lassen sich schnell aus einer kurz gestielten Hortensienblüte und ein paar Schusterpalmenblättern zaubern, die mit Bärengras zusammengefasst werden.

Sobald Sie einmal Ausschau halten, werden Sie für diesen Zweck immer geeignete Blätter finden: Die großen glänzenden, durchlöcherten Blätter des Zimmerphilodendrons, die langen lanzettlichen Blätter der roten *Cordyline*, das breite einfarbige oder panaschierte Grün der Schusterpalme *(Aspidistra)*, die herrlich gemusterten Blätter der Calathea wie auch bunte Zierkohlblätter liefern nicht nur Märkte, sondern auch das eigene Blumenfenster und der Garten. Ein bis zwei dieser Begleiter verwandeln ein paar einfache Blumen in ein bezauberndes Arrangement.

Neben Blättern eignen sich weitere Materialien für Manschetten. Ich bin immer auf der Suche nach neuen Ideen. Sehr gern verwende ich herrlich strukturierte handgeschöpfte Papiere sowie transparentes asiatisches Reispapier. Krepp und Seidenpapier in allen Regenbogenfarben können genau auf die Blumen abgestimmt werden. Im Moment wähle ich sehr gern Pergamentpapier mit bunten Punkten. Pünktchenpapier ist ein Klassiker, der immer erfrischend wirkt.

Oft reicht schon eine hübsche Schleife, um dem einfachen Blumenstrauß eine extravagante Note zu verpassen. Statt des üblichen Satinbandes sollten Sie ruhig auch einmal ein geripptes Seidenband, eine Kordel, gefärbten Bast und Naturbast oder auch ein Rupfenband zur Hand nehmen.

Selbst lebendes Material eignet sich für Schlingen und Schleifen. Ranken von Geißblatt (Lonicera) mit ihrem himmlischen Duft sind ideal für Frühlings- und Frühsommersträuße, ebenso duftender Jasmin und Kranzschlinge, die sich reizend in Brautsträußen machen.

Rechts Der bunte Levkojenstrauß erhielt eine Manschette aus handgeschöpftem Geschenkpapier.
Rechts oben Hier bilden kräftig getönte Nelken, mit Zierkohlblättern unterlegt, ein ungewöhnliches Bukett. Gehalten werden die Stiele durch ein grob gewebtes Rupfenband in einem abgestimmten Farbton.
Rechts außen Bananenblätter als Manschette um Blumensträuße finde ich immer wieder interessant. Hier schmiegen sie sich dicht an die 'Ecstasy'-Rosen. Die Blüten duften so aromatisch, dass man fast versucht wäre, sie zu kosten.

Kalla – hier wurde 'Colombe de la Paix' gewählt – und Kranzschlinge sind eine unwiderstehliche Kombination für Brautbuketts. Die langen Ranken der Kranzschlinge mit ihren wachsartigen, seidig glänzenden Blüten sehen nicht nur wunderschön aus, sie verströmen auch einen exquisiten Duft.

Wenn Sie ein handliches Bukett wie dieses herstellen, sollten Sie die Stängel nicht zu dicht zusammendrängen, damit sie beim Halten nicht frühzeitig warm werden und zu welken beginnen. Beim Arrangieren legen Sie die Stiele leicht schräg an, so dass sich eine spiralige Anordnung ergibt. Unterhalb der Bindestelle entfernen Sie alle Blätter von den Stielen.

Raffiniert umhüllt & gebunden

Meist wird als Tafelschmuck ein großes Blumengesteck aufgestellt. Dekorieren Sie statt dessen einmal jeden Platz einzeln – sei es für das Abendessen unter Freunden oder eine große Hochzeitsgesellschaft. Beispielsweise verteilen Sie je eine mit Silber- oder Goldfarbe besprühte Frucht für die Gäste. Es wird entweder nur ein leichter Hauch aufgesprüht oder in mehreren Schichten wie eine massive Vergoldung aufgebracht, je nach gewünschtem Effekt. Umwickeln Sie gestärkte weiße Stoffservietten mit Efeuranken, binden Sie für das Sommerfest ein paar Lavendelzweigchen mit etwas Bast zusammen. Glänzende Blätter wie *Galax*, Lorbeer und *Rhododendron* ergeben ausgefallene Platzkärtchen. Sie werden gewaschen oder abgerieben, getrocknet und dann auf der Oberseite mit Silber- oder Goldstift beschriftet. Ein beschriebenes Blatt als Geschenkanhängerverleiht kleinen Präsenten eine individuelle Note. Legen Sie etwa für Ihre Gäste so dekorierte kleinen Fotoalben, Potpourri-Döschen oder Tüten mit Konfekt bereit.

Gegenüberliegende Seite, von oben nach unten Die schlichte Efeuschlinge gibt der Serviette einen individuellen Touch. – Gelbe *Dendrobium*-Orchideen, mit etwas Bärengras befestigt: Asien lässt grüßen ... – Diese Serviette ist mit einer dicken Goldkordel umwunden, in der mit einem Hauch Goldfarbe besprühte Lavendelzweigchen stecken. Dazu kommt eine ebenfalls golden besprühte Birne.
Gegenüberliegende Seite, rechts Schmücken Sie einen Platz mit drei kleinen Anthurien in einer exotischen Blatthülle *(Calathea insignis)*, mit Bast zu einem Röhrchen gebunden.
Links Als Ausdruck der Zuneigung für einen lieben Gast wird ein herzförmig zurechtgeschnittenes Magnolienblatt, in Glyzerin konserviert, mit Bast an der Serviette befestigt.

Diese Seite, im Uhrzeigersinn Zeitgemäß sachlich wirken ein paar Stiele *Celosia* und *Gloriosa superba* in der mit Schachtelhalm umwickelten Vase. – Weiße Kallablüten sind mit Federborstengras in ein extravagantes, leicht zu haltendes Brautbukett verwandelt worden. – Farblich fein abgestimmt wirkt dieses Arrangement aus gelben 'Golden Gate'-Rosen, gelblich geäderten Crotonblätter, die um die schlichte Vase gehüllt sind, und einer goldschimmernden Kordel.

Gegenüberliegende Seite, obere Reihe Immer wieder faszinieren mich *Gloriosa* mit ihren strahlenden Farben und ihrer exzentrischen Blütenform. Wenn sie gerade Saison haben und günstig zu kaufen sind, verarbeite ich sie gern »en masse«. Dieser elegante Strauß steht in einer mit Schusterpalmenblättern verkleideten hohen Vase.

Gegenüberliegende Seite, unten Der schlichte Metalltopf erhielt eine Umflechtung aus goldbesprühten *Wisteria*-Zweigen. Seine steifen Schlingen sind nicht nur dekorativ, sie geben den zart cremefarbenen, rosa umrandeten 'Laminuette'-Rosen zusätzlich Halt.

Ebenso lassen sich Gefäße und Vasen durch eine Blatthülle in lebende Kunstwerke verwandeln. Dazu brauchen Sie nur doppelseitiges Klebeband oder Teppichband, das mehrmals um den Behälter geführt wird. Darauf befestigen Sie das gewählte Pflanzenmaterial. Auch mit Kordel oder Schnur und selbst mit pflanzlichem Material, wie Bärengras oder Schachtelhalm können die Blätter gehalten und festgebunden werden. Wählen Sie Blätter passend zur Größe des Gefäßes. Ein riesiges Bananenblatt wäre witzlos für einen kleinen Joghurtbecher, während drei oder vier Efeublätter mit etwas Bast ihn angemessen verhüllen und zu einer ausgefallenen Vase machen.

Ob Sie aber nun ein Bukett oder ein Gefäß durch Blattwerk verschönern wollen, das Material sollte immer einigermaßen fest sein. Viele kräftige Blätter stehen zur Auswahl. Die Schusterpalme liefert elegante Blattwedel für hohe Vasen. Wie auf dem Bild oben zu sehen, kann selbst der Vasenfuß noch fächerartig kaschiert werden. Mit der Ölweide *(Elaeagnus)* kann man silbrig graue oder verschiedenfarbige Hüllen gestalten, während die tiefgrünen *Galax*-Blätter durch ihre hübsche runde Form wirken. Für den alltäglichen Gebrauch genügen Lorbeer oder *Rhododendron*. Zweige oder Stängel-Segmente befestigen Sie am besten mit einer Heißklebepistole auf mäßiger Temperatur. Ein paar zusätzliche Zimtstangen aufgebracht, und schon haben Sie das ideale Gefäß für Winter-Arrangements.

Links und ganz oben Silberkordel hält die Heide-Zweigchen um dieses Arrangement aus Rosen, *Hebe* und Orchideen zusammen. Die Blüten sind in konzentrischen Kreisen angeordnet, wodurch die Form des Gefäßes unterstrichen wird.
Oben Kleine Bündel von gefärbten Zweigen ergeben, mit Bast verbunden, eine farbenfrohe Verkleidung für das Gefäß. Rosen, Kalla und grünes Beiwerk sind darin gut aufgehoben.
Rechts Ganz einfach – die Wände der »Torte« werden durch Heidekraut kaschiert, das Zentrum bildet ein Zierkohl.
Rechts außen Gleichmäßig an den Korbwänden befestigte Lavendelbündel bilden einen anmutigen Rahmen für die dicht gesteckten 'Extase'-Rosen.

Wie wäre es zur Abwechslung mal mit einer »Blumentorte« für das Geburtstagskind? Die Mühe lohnt sich. Bedenken Sie aber, dass bei derartigen Konstruktionen die Seiten genauso wichtig sind wie die Mittelfläche. Probieren Sie zunächst aus, welche Kombinationen am gefälligsten wirken. Für die Seiten verwende ich oft Heide *(Erica)*, *Hebe* und Proteenblätter, aber auch Zweige, kleine Äste, Ginster und Lavendel. Als Basiselement dient ein hoher Korb. Die Seitenhöhe ist nötig, da man am Tisch im Sitzen die »Torte« mehr von den Seiten als von oben betrachtet. Ich selber verwende oft aus Zweigen und Kaninchendraht gefertigte Körbe. Doch ist auch jeder andere locker geflochtene Korb geeignet.

Schneiden Sie zunächst das Pflanzenmaterial für den Rand zurecht und drahten Sie es an die Korbwände. Möchten Sie Bündel verarbeiten, binden Sie diese vorher einzeln mit Schnur, Bast oder farbiger Kordel zusammen, bevor Sie sie am Korb befestigen. Die Blumen für die Tortenmitte hält feuchter Steckschaum oder ein mit Klebeband im Korb fixierter Kaninchendraht.

Frühling

Immer wieder zieht uns der Frühling in seinen Bann. Mit reinen Farben, klaren Formen und zarten Düften präsentiert sich die Natur in all ihrem Zauber.

Langsam gewöhnen wir uns wieder an den Anblick und die zarten Duftnuancen der Blumen in Haus und Garten. Fangen Sie den ganzen Reiz dieser Jahreszeit in Ihren Arrangements ein, indem Sie sie frisch und einfach halten. Lenken Sie mit nichts den beschaulichen Blick von den sanften Tönen und den dezenten Details ab.

Nach dem Winter mit seinem dunklen, immergrünen Blattwerk, das gerne mit kräftigen Farben aufgeheitert wird, sehne ich mich sehr nach feinen, pastellfarbenen Frühlingstönen. Auch Weiß ist eine gute Wahl, symbolhaft drückt es den Einzug eines neuen Jahres aus. Immer wieder finde ich reines Weiß nach den maßlosen Dekorationen der Advents- und Weihnachtszeit äußerst erholsam.

Weiße Blütenfarben kommen zwar auf der ganzen Welt vor, dominieren aber eher in den kühleren nördlichen Klimazonen. Als erster tapferer Frühlingsbote kämpft sich in unseren Breiten das zarte Schneeglöckchen nach der festreichen Winterzeit durch den Schnee. Trotz des zarten Äußeren ist diese Pflanze ausgesprochen robust. Die frischen grünen Blättchen und die zart nickenden Blütenknospen bohren sich durch die gefrorene Erde und überstehen selbst stärkere Frostperioden unbeschadet.

Zartrosa Tulpen und Hyazinthen sind für Muttertagssträuße äußerst beliebt. Blassblaue Traubenhyazinthen und Maiglöckchen werden in dieser Jahreszeit gern von Bräuten für ihren Brautschmuck gewählt. Auch pfirsichfarbene Blüten erfreuen sich heute wieder größerer Beliebtheit und werden im Frühjahr mit zahlreichen Arten angeboten: blass orange Hyazinthen, fantastische orangegrüne Papageientulpen, langstielige französische Tulpen und spektakuläre Amaryllisblüten. Auch Gelb verbinden wir unweigerlich mit dem Frühling. Gelbe Blumen heitern nach der langen Spätwinterphase das Gemüt auf. Vielleicht liegt es daran, dass unser Gehirn die kräftigen Gelbtöne der Blüten

Links außen Korkenzieherhasel oder -weide lässt sich gut mit einer Orchideenpflanze *(Cymbidium)* zu einem frischen Frühlingsarrangement kombinieren.
Links Füllen Sie ein Trompetenglas mit Federborstengras und französischen Tulpen und beobachten Sie, wie die Tulpen sich bewegen und ihre Köpfe neigen, um möglichst viel Licht zu ergattern.
Rechts und unten Für dieses exquisite Arrangement wird ein Pokal mit Metallgitter verwendet. Zunächst werden Efeuranken mit Draht um den Rand des Gefäßes gebunden. Dann wird das Gitter mit Bananenblättern ausgelegt. Da hinein kommt ein Glasgefäß, in das die blühenden Zweige der Zierkirsche arrangiert werden.

mit dem Sonnenlicht assoziiert. Gelb ist die Farbe der Schlüsselblumen, einiger Sorten von Goldlack, und natürlich der Osterglocke, die wohl die beliebteste Frühlingsblume überhaupt ist. Viele frühlingsblühende Sträucher wie Mahonie und Forsythie tragen ebenfalls gelbe Blüten. Meine persönliche Lieblingsblumen im Frühling sind die Ranunkeln mit ihren hauchzarten Blütenblättern. Verwandt mit dem wilden Hahnenfuß, sind sie in zahlreichen Farbtönen erhältlich und wirken am natürlichsten als bunter Strauß ohne Beiwerk. Mit ihrer hübschen Textur und der runden Pomponform finden sie aber auch in traditionell gemischten Sträußen Verwendung. Sie halten sich gut in der Vase und sind selbst angewelkt noch ein attraktiver Anblick.

Weitere beliebte Frühlingsboten sind die Tulpen. Die Niederlande sind berühmt für ihre riesigen Tulpenfelder. Nicht weniger als 400 verschiedene Sorten werden zu dieser Zeit des Jahres auf den holländischen Auktionen als Schnittblumen angeboten. Doch die moderne Technologie erlaubt Züchtern, die Zwiebeln zu verfrühter Blüte zu treiben. Daher sind die hübschen Blüten nun das ganze Jahr über erhältlich.

Nach Aussage der Holländer, die jährlich über 750 Millionen Tulpen ziehen und als größter Produzent die ganze Welt beliefern, ist Gelb zur Zeit die beliebteste Blütenfarbe. Im frühen und mittleren Frühjahr wähle ich mit Vorliebe die zart duftende schwefelgelbe 'Monte Carlo' und die an den Blütenrändern gekräuselte sattgelbe 'Fringed

Oben Als reizender Tischschmuck eignen sich zwei ineinander gestellte Glasschalen, wenn Blüten zwischen die Flächen gelegt werden. Legen Sie die Blumen vorsichtig auf die untere Schale und stellen Sie die zweite hinein. Servieren Sie darin kulinarische Köstlichkeiten. Oder füllen Sie das Gefäß mit Wasser und ein paar weiteren Blüten.
Links außen und links Muntern Sie die letzten trüben Wintertage mit einem dicht gefassten Blumenstrauß auf. Schwelgen Sie in Massen von Säckelblume *(Ceanothus oliganthus)* und blauen Iris oder Traubenhyazinthen.
Rechts Selbst ein paar Freesien lassen uns mit ihrem verheißungsvollen Duft und ihren fröhlichen Farben erahnen, was die kommenden Monate bereithalten.

Elegance'. Sehr gern verarbeite ich auch die etwas späteren, eleganten langstieligen französischen Formen. Die meisten Tulpen duften nicht. 'Monte Carlo' und die kräftig orange 'Ad Rem' gehören zu den wenigen Ausnahmen.

Andere Frühlingsblumen sind gerade wegen ihres Duftes beliebt, allen voran die Narzissen der Sorte 'Paperwhite'. Diese Zwiebelpflanze wird von den Chinesen zu ihren Neujahrsfeierlichkeiten eingesetzt. Ob als Schnittblume oder im Topf getrieben, Narzissen gehören zu den besten Duftpflanzen im Zimmer. Ebenfalls im Frühjahr erscheinen zart duftende Veilchen auf den Blumenmärkten – die kurzstieligen englischen Sorten genauso wie die weltberühmten langstieligen Parmaveilchen. Letzere werden in Sträußchen mit ihrem reizenden grünen Laub per Flugzeug aus Italien bei uns eingeflogen. Leider halten sie in der Vase nicht sehr lange, sind jedoch gerade deswegen etwas Besonderes.

Warum nicht einmal essbare Blumen für die Tafeldekoration verwenden? Im Frühling stehen Stiefmütterchen und Veilchen zur Wahl. Die Blüten werden zwischen zwei Glasteller gepresst oder über eine Schüssel Salat gestreut.

Auch Fenchel, der in der Küche in Form seiner Samen oder Knollen Verwendung findet, hat essbare Blüten. Im Sommer gibt es viele weitere Blumen, die zum Verzehr geeignet sind – etwa Kapuzinerkresse, Ringelblumen, Borretsch und Schnittlauchblüten, aber auch Kornblumen und Rosenblütenblätter. Für derartige kulinarische Genüsse verwenden Sie aber bitte nur Pflanzen aus organischem Anbau oder natürlich aus dem eigenen Garten. Blumen aus dem Fachhandel sind meist speziell chemisch behandelt, damit sie länger halten.

Kaiserkronen in ihren kräftigen Rot-, Orange- und Gelbtönen und ihrer extravaganten Blütenform, die wirklich eine grüne Krone trägt, sind die absoluten Stars im Frühlingsreigen. Wenn Sie sie selber im Garten ziehen möchten, setzen Sie sie im Herbst ein, damit sie im darauffolgenden Frühjahr blühen. Vielleicht lieben wir sie gerade, weil sie eine so kurze Blütezeit haben und dadurch noch wertvoller erscheinen. Sie sind als Gartengewächse seit dem 19. Jahrhundert begehrt, kamen als Schnittblumen aber erst vor einigen Jahren auf den Markt. Manche Leute mögen ihren markanten, an Knoblauch erinnernden Geruch nicht, doch ich denke, diesen kleinen Nachteil kann man bei einer so dekorativen Persönlichkeit in Kauf nehmen. Wenn sie sich in der Vase zum Licht drehen, ergeben sich ungeahnte Haltungen. Übrigens sind sie auch von unten betrachtet sehr attraktiv. Dann sind ihre reizenden »Tränen« erkennbar. Wenn sie gerieben werden, fangen sie tatsächlich zu »weinen« an. Bei diesen Tränen handelt es sich um Nektar. Der Volksmund erklärt dieses Phänomen mit einer rührenden Legende: Als Christus aus dem Garten Gethsemane zu seiner Kreuzigung gebracht wurde, waren die Blumen so traurig, dass sie ihre Köpfchen senkten und sich ihre Blüten mit Tränen füllten.

Die ursprünglich vom Kap der Guten Hoffnung stammende Freesie war bislang weltweit eine der gefragtesten duftenden Schnittblumen. Dies gilt sicherlich auch für meinen Laden. Heute sind Freesien das ganze Jahr über erhältlich, müssen aber eigentlich auch zu den Frühlingsblühern gerechnet werden. In der Vase halten sie nur relativ kurz. Es ist also wichtig, sie genau im richtigen Stadium der Entwicklung zu kaufen: wenn sich die erste Blüte geöffnet hat und ihre Farbe offenbart. Sie leben von da ab etwa eine Woche. Wenn Sie die abgeblühten Teile laufend entfernen, regen Sie die übrigen Knospen stärker zum Blühen an. Ich bevorzuge cremeweiße Exemplare mit ihren trichterartigen Blüten und habe oft einige davon in einem schlichten Gefäß auf der Frisierkommode stehen. Sie werden einzeln, zu zweit oder als Gruppe aufgestellt. Die grünen Knospen sind ein zusätzliches interessantes Detail. Gerne werden sie im Frühling für Hochzeitsfeiern gewählt.

Oben Anmutig geschwungene, filigrane Zweigchen des Gagelstrauches und gerade, dickstielige 'Ad Rem'-Tulpen bilden einen reizvollen Kontrast. Die frostig wirkende rote Glasvase harmoniert perfekt mit der Blütenfarbe.
Rechts Die Freesienzüchtung 'Rapid Red' weckt mit ihrer kräftigen Blütenfarbe Frühlingsgefühle. Alle Stiele sind, auf gleiche Länge eingekürzt, in einem mit Steckmasse gefüllten metallschimmernden Behälter untergebracht. Dieser wird mit rot gefärbtem Kies aufgefüllt.
Gegenüber Kaiserkronen wirken majestätisch. Sie stehen in einem umkleideten Glasgefäß auf einem hohen Säulen-Sockel. Das Detailfoto zeigt die hübschen »Tränen« im Blüteninneren.

Gegenüberliegende Seite, oben links und rechts Grün und Rosa wirkt immer frisch und lebhaft. Auf dem Foto sehen Sie Anemonen, Flieder, Schneeball, Salal *(Gaultheria shallon)* und Limonen, mit Hilfe von Steckmasse in einem breiten Metallpokal arrangiert. Wenn Sie, wie hier, Früchte mit verarbeiten möchten, schieben Sie zunächst in jede Frucht einen dicken Steckdraht. So lässt sie sich im Gesteck exakt platzieren.

Gegenüberliegende Seite, unten links Kleiden Sie einen pokalförmigen Flechtkorb innen mit fester Plastikfolie aus und füllen Sie getränkte Steckmasse hinein. Das Gefäß eignet sich für schnelle, einfache Frühlingsgestecke – hier eine Mischung aus roten, rosa und lila 'Mona Lisa'-Anemonen.

Oben und links Ranunkeln in warmen Farbtönen sind im Frühjahr meine Lieblingsblumen. Auch die ganzen Pflanzen lassen sich in Glasbehälter setzen. Durch den zusätzlich aufgefüllten Kies in kontrastierenden Farben wirkt die Zusammenstellung etwas verspielt.

Sommer

Der Sommer beschert uns Blumenfreunden eine Fülle von Material – und damit die Qual der Wahl. Bei diesem üppigen Angebot ist es nicht leicht, die Übersicht zu behalten.

Doch verzweifeln Sie nicht, wenn Sie nicht wissen, wo Sie beginnen sollen. Beschränken Sie sich einfach auf wenige Farben und Sorten. Oft wirkt eine Handvoll sorgfältig ausgesuchter Blüten mit ein oder zwei Blättern besser als ein riesiger Strauß.

Schlank & edel

Diese grün-weiße Schöpfung besteht aus nur zwei Elementen: Schusterpalmenblätter und *Ornithogalum arabicum*. *Ornithogalum* mit seinen anmutigen Sternchenblüten und langen Stielen hält sich auch an heißen, sonnigen Tagen sehr lange. Seine langen Stiele fordern zu strenger Anordnung heraus. Auch in Steckmasse bleibt *Ornithogalum* lange ansehnlich. Die Blüten werden bei Kränzen für Bräute und Brautjungfern angedrahtet. Bei angemessener Pflege halten sich die das ganze Jahr über erhältlichen Schnittblumen bis zu drei Wochen. Der Strauß mit stark eingekürzten Stielen wird zu einem hübschen Mitbringsel.

Schneiden Sie die *Ornithogalum* auf die gewünschte Länge. Bilden Sie, in der Mitte beginnend, konzentrische Kreise mit den Blüten. Zur Mitte hin werden die Blumen höher angeordnet, so dass sich eine leichte Kuppelform ergibt. Die Stiele werden kurz unterhalb der Blütenstände mit Bast zusammengebunden. Die Blätter biegen Sie einzeln um, bevor sie als Umrahmung zugefügt werden. Wieder wird das Ganze mit Bast gehalten. Die Bastenden lassen Sie nach dem Knoten einfach lose hängen. Ziehen Sie die Blattstiele etwas schräg nach außen, bevor Sie den Strauß in die Vase stellen.

Material:
20 arabische Chincherincheen *(O. arabicum)*
2 Bund Schusterpalmen-Blätter (10–15 Wedel)

Mit dem Beginn des Sommers tauchen in der Natur immer neue wärmeliebende Blumen und Pflanzen auf. Die Wälder meiner Heimat sind berühmt für riesige Teppiche von Hasenglöckchen, die um diese Zeit einen unwiderstehlichen Anblick bieten.

Der Frühsommer gehört zu meinen liebsten Jahreszeiten. In England fiebern wir in diesen Wochen der weltberühmten Chelsea Flower Show entgegen, die den endgültigen Beginn des Sommers einläutet. In dieser Zeit erscheinen auch einige meiner liebsten einheimischen Gartenblumen wie Rittersporn, Pfingstrosen und die elegant gebogenen Blütenstiele des Salomonssiegels. Die Blumengeschäfte und Marktstände quellen über von sommerlichen Schönheiten wie Lavendel, Löwenmäulchen, Ringelblumen, Rosen, Wicken, Levkojen, Ziertabak, Lilien und Phlox. Besonders mag ich gelbgrüne Sommerblumen wie Muschelblume und Frauenmantel.

Auch mit blauen Blütenfarben werden wir im Hochsommer reichlich bedacht. Viele blaue Blumen haben außerordentlich attraktive Formen und sind von imposanter Größe. Ich mag den anmutigen Ehrenpreis genauso wie die hauchzarten Kapseln der Jungfer im Grünen. Und wer könnte dem tiefen Blau der Kornblume widerstehen, die ihren Namen als ursprüngliches Ackerunkraut erhielt? Zackige Edeldisteln und elegante Afrikanische Schmucklilien *(Agapanthus)* eignen sich ebenfalls ausgezeichnet als Zimmerschmuck.

Der Spätsommer dagegen ist für mich von sanftem Gelb bestimmt. In dieser Zeit verarbeite ich gerne Sonnenblumen und Schafgarbe (*Achillea* 'Gold Plate') zusammen mit Nachtkerzen. Es ist auch die beste Zeit für Gartenskabiosen. Sonnenbraut und Sonnenhut ergänze ich gern durch Steppenkerze und Fackellilie, dazu kommen Ranken von *Sandersonia*. Steppenkerzen halten sich selbst in der großen Sommerhitze ausgezeichnet. *Sandersonia* wird erst seit kurzem in Europa angeboten. Ihre zarten kleinen Glöckchen erinnern an die orange Lampionblume, sitzen aber an geneigten, leicht hängenden Stielen. Ich finde, sie werden leicht von anderen Blüten erdrückt, so dass sie am besten »solo« bleiben.

Den Sommer ehren wir traditionell mit riesigen, bunt zusammengewürfelten Arrangements, die wie frisch aus dem Garten zusammengesucht wirken – ganze Arme voll nachtduftender Levkojen, Schmetterlingsstrauch, interessant aufgebautem Rittersporn, zierlicher *Clematis*. Selbst der Nutzgarten liefert zierendes Beiwerk wie Kräuter, Salatblätter und Artischocken.

Gegenüberliegende Seite, links Ein paar Stängel *Sandersonia*, in eine venezianisch anmutende Vase gestellt, ergeben ein fröhliches Spätsommerbild.
Gegenüberliegende Seite, rechts Kühn macht sich dieses schlichte Arrangement aus zwei geschwungenen Fackellilien in einer enghalsigen, weiß glasierten Vase.
Links Gelbe Vase und Steppenkerzen sind farblich perfekt aufeinander abgestimmt. Langstielige Blumen verlangen generell hohe Behälter.

Rechts und unten Dieses Arrangement mit linearer Betonung verrät fernöstliche Einflüsse. Es besteht aus grünen Muschelblumen, grünen *Dendranthemum* 'Shamrock', blauer Afrikanischer Schmucklilie, cremefarbener Kalla der Sorte 'Colombe de la Paix', einer einzelnen grünen Anthurie ('Midori') sowie Korkenzieherhasel. »Midori« bedeutet übrigens auf Japanisch »grün«. Grüne Anthurien sind bei Floristen sehr beliebt, weil sie bei vielen Blumenkombinationen als wunderbarer Farbausgleich dienen.
Gegenüber Die spektakulären Frauenschuh-Orchideen *(Paphiopedilum)* kommen als Dreiergruppe in einer ebenso grünen Keramikvase ohne Beiwerk aus. Die sehr langlebige, aber relativ kurzstielige Art ist wegen ihrer an einen Insektenkörper erinnernden Blütenform bei Fotografen immer wieder beliebt. Orchideen erhalten Sie heute das ganze Jahr über. Da sie aber Temperaturen unter 8 °C kaum verkraften, eignen sie sich mehr für die Sommermonate. Außerdem sind alle Orchideen empfindlich gegenüber Ethylen, das beim Welken von Pflanzenmaterial entsteht. Daher kombiniert man sie am besten nicht und gibt ein Frischhaltemittel ins Wasser, das gleichzeitig antibakteriell wirkt. Wenn Sie diese Punkte beachten, können Sie sich wochenlang an Orchideen erfreuen.

Doch der Sommer ist eine schwierige Zeit für Anfänger, die beim Blumenstecken oft so überwältigt von der Auswahl sind, dass sie möglichst viel in eine Vase pressen und den Sinn für Proportionen und passende Kombinationen verlieren. Am einfachsten ist es, sich auf ein oder zwei Arten zu beschränken. Dann sprechen die Blumen für sich. Diese Reduktion wird immer öfter großen, ausladenden Gestecken vorgezogen, da sich eine solche Form der Gestaltung ideal in klare moderne und nüchterne Interieurs einfügt.

Die Tendenz hin zu sehr strengen, fast skultpurmäßigen Ausdrucksformen hängt sicher damit zusammen, dass immer mehr skurrile tropische Blüten und Blätter importiert werden. Sie wirken so fremdartig, dass sie höchstens mit ein oder zwei weiteren Arten kombiniert werden. Ausgefallen geformte Anthurien und Orchideen, die höhere Temperaturen gut verkraften, sind eine ausgezeichnete Wahl auch für heiße Tage.

Tropisches Grün und Blattwerk gibt Sommergestecken den besonderen Pfiff. Es stammt heute aus allen Teilen der Welt – in erster Linie aus Afrika, Indien, Sri Lanka, Israel, Australien, von den Westindischen Inseln sowie aus Nord- und Südamerika. Kunden zögern allerdings oft, für Blattwerk Geld auszugeben. Sie erwarten dieses eher als Zugabe, obwohl gerade exotisches Grün oft teurer als die Blumen selbst sein kann.

Wenn Ihnen die Idee gefällt, Sie aber kein passendes Blattmaterial im Fachhandel auftun, findet sich eventuell eine Zimmerpflanze zum Plündern. Die grafische Wirkung des Zimmerphilodendrons, die farbenfrohen Blätter der Rex-Begonien wie auch die schwertförmigen Blätter des Bogenhanfes sind nur ein paar nützliche Blattlieferanten vom Blumenfenster. In vielen Wohnungen steht irgendwo ein mickriges Exemplar. Könnte das eventuell für neue, kreative Gestecke geopfert werden?

Gerbera und Kalla gehören zu den Lieblingsblumen englischer Floristen. *Gerbera* ist so populär, dass jährlich über 500 verschiedene Farbtöne durch die holländischen Auktionen gehen. Manche Züchter haben 200 Farbnuancen im Angebot. Doch der Erfolg der Züchtungen hängt nicht nur von der ansprechenden Farbe, sondern auch von der Haltbarkeit ab. Kalla haben die Herzen von Blumengestaltern und Inneneinrichtern wegen ihrer ungewöhnlichen Form und den leuchtenden Blütenfarben erobert. Sie sind vielseitig verwendbar, auch in Steckmasse, und erstaunlich robust, überstehen sie doch unbeschadet Flüge um die halbe Welt.

Oranger Spätsommer

Mangofrüchte Früher war die orange 'Mango'-Kalla eine Rarität, die ich eigens aus Neuseeland beschaffen musste. Mittlerweile ist sie zum Glück leichter erhältlich, so dass ich verschwenderisch mit den wunderbar warm getönten Blüten umgehen kann. Ich stelle dicke Sträuße davon in schlichte Glasvasen. Diese hier habe ich zunächst mit einem feuchten Steckziegel gefüllt, bevor ich die Seitenwände von innen mit passend zurecht geschnittenen Schachtelhalmen auskleidete, so dass der Ziegel verdeckt ist. Die Kallastiele stecke ich unterschiedlich hoch, damit sich eine leichte Kuppelform ergibt. Schließlich erhält das Ganze noch einen Rand aus glänzenden *Galax*-Blättern, die gleichzeitig eventuelle Lücken ausfüllen helfen.

Sonniges Orange Zwergformen der *Gerbera* wie die hier verwendeten wurden speziell für kleine, handliche Sträußchen gezüchtet. Sie werden 'Germini' genannt. Wie Sie hier sehen, wirken die Blüten auch für sich allein attraktiv und ergeben ohne viel Aufwand eine hübsche Einheit. Achten Sie beim Kauf von *Gerbera* besonders darauf, dass sie in gutem Zustand sind – erkennbar an unbeschädigten Blütenblättern und einem kräftigen nicht weichen Stiel. Wenn Sie die Stiele genauer betrachten, bemerken Sie viele winzige Härchen daran. Diese signalisieren, dass die Pflanze nicht in tiefem Wasser stehen möchte. Bei entsprechender Behandlung kann *Gerbera* bis zu drei Wochen halten. Züchter versuchen dennoch, die Lebensdauer immer noch zu steigern. Für das unten gezeigte Arrangement habe ich einfach einige 'Germini' in eine interessant geformte Aluminiumvase gestellt. Es lebt von dem starken Farbkontrast zwischen gräulichem Metall und kräftig orangen Blüten. Das längliche Gefäß ist zusätzlich mit etwas rotem Wickeldraht umschlungen.

Erst im Spätsommer zur Erntezeit entdecke ich jedes Jahr das Orange als Sommerfarbe. Dann schöpfe ich allerdings aus dem Vollen. Tagetes und Kapuzinerkresse erobern sich vordere Plätze aus der Palette des Sommerflors. Ich mische feuerrote Fackellilien mit blauen Kugeldisteln, orange Gladiolen mit den langen Stielen der Muschelblume oder mit dunkelroten Gladiolen. Weitere interessante Orangetöne finde ich unter anderem bei spätsommerlichen Dahlien, Montbretien, der Färberdistel, *Celosia* 'Persimmon Chief', *Antirrhinum* 'Potomac Orange', *Alstroemeria* 'Little Sun', der Lampionpflanze, *Hypericum* 'Pink Flair' sowie einigen Steppenkerzen. Sie alle lassen sich gut mit dem dunkelroten Laub von *Leucadendron*, *Photinia* 'Red Robin' und des immer wieder beliebten Perückenstrauchs kombinieren. Auch einige der Asiatischen Lilien erscheinen in Orangetönen, etwa 'Beatrix', 'Avignon' und 'Monte Negro'. Diese wiederum passen gut zu *Leucospermum* und lila- bis violettfarbenen Blüten wie *Liatris*, Lisianthus und *Trachelium*. Die ersten Beerenfrüchte bringen zusätzlichen Reiz beim Blumenstecken. Da sind die orange-roten Perlen des Schneeballs und die rosa-orangen Früchte der Pistazie. Zu meinen speziellen Lieblingen im Spätsommerreigen gehört allerdings die Zinnie, die in Amerika schon lange populär ist, bei uns als Schnittblume aber erst jetzt Fuß fasst. Die Blüte erscheint in zahlreichen Orangetönen und einer krausen altmodisch wirkenden Blütenform.

Herbst

Wenn der Sommer langsam in den Herbst übergeht, beginnen Brauntöne die Landschaft zu dominieren. Aber die Natur versteht sich darauf, auch die vom Braun bestimmten Herbsttöne nicht langweilig wirken zu lassen.

Die Natur kleidet sich in eine Fülle von Brauntönen von Ocker über Rot und Orange bis zu tiefem Kastanienbraun. Goldgelbe Felder sind abgeerntet und sind nun schokoladenbraun. Bäume werden flammend rot, bevor sie ihre kargen Zweige zeigen. Diese reichen, warmen Nuancen bringe ich im Herbst auch ins Haus.

Sobald der Herbst beginnt, wende ich mich fast unbewusst der braunen Farbpalette zu. Wirklich braune Blüten sind selten, doch manche aus diesem Farbbereich sind in den letzten Jahren sehr populär geworden. Die braunrote Rose 'Leonidas' oder die mangofarbene Kalla sind nur zwei Beispiele. Eine der stilvollsten Blumen, die ich je gesehen habe, ist die dunkle, samtige, schokoladenbraune Kosmee, während die sehr treffend benannte braune Anthurie (*Anthurium* 'Choco') etwas seltsam wirkt.

Häufig dagegen wird bei den sogenannten Korbblütlern eine braune Blütenmitte mit Röhrenblüten strahlenförmig umgeben von den anders gefärbten Zungenblüten. Im Herbst verwende ich diese Blütenmitte gern ohne den Strahlenkranz der Zungenblüten in Gestecken mit Braun als dominante Farbe. Sonnenblumen mit verwelkten gelben Zungenblüten wirken unordentlich. Entfernen Sie diese Blütenblätter dagegen ganz, so bleibt die braune Mitte als interessante strukturelle Bereicherung im Arrangement übrig. Ich klebe sie für faszinierende Herbstarrangements als Kaschierung um Gefäße. Der Sonnenhut eignet sich meiner Meinung nach dafür am besten.

Braun findet sich häufig in Stielen, Zweigen und Beeren. Die Korkenzieherweide, die auf den Märkten erscheint, sobald sie ihre Blätter verloren hat, ist eine extravagante Zutat, kann aber immer wieder für Gestecke verwendet werden, wenn man sie zwischendurch mit Bleichmittel desinfiziert. Mein Lieblingsbraun liefert die Johanniskraut-Beere, die sich exzellent als Füllmaterial eignet und Gestecke lebhafter wirken lässt. Ursprünglich im Spätsommer und Herbst erscheinend, ist sie inzwischen das ganze Jahr über lieferbar.

Die kräftigen, feurigen Orangetöne sind oft eine Herausforderung. Bei Erntedankfesten sind sie nicht wegzudenken. Mit dem Wintereinbruch ziehen uns automatisch fröhliche, warme Töne an, die die immer kälter und kürzer werdenden Tage aufheitern.

Links und oben links Platzieren Sie einen kleinen Glasbehälter in einem größeren. Die Zwischenräume füllen Sie mit gefärbtem Spanischem (Dschungel-) Moos oder Blättern. In das innere Gefäß kommt ein dichter Strauß Ringelblumen, die über den Rand hinausspitzen. **Oben** Betörend elegant präsentieren sich diese in einem rostigen Pokal untergebrachten Cambria-'Plush'-Orchideen, die mit *Sphagnum*-Moos abgedeckt wurden. Die Orchideen erstrahlen in tiefem Herbstrot.

Herbstrosen

Einst war die Rose die Königin des Sommergartens. Heute ist sie mit Hunderten von Sorten das ganze Jahr über vertreten. Auch im Herbst dürfen wir uns an ihr erfreuen. Die auf diesen Seiten gezeigten Kompositionen in wunderschönen schwermütigen Tönen entstanden mitten im Herbst.

Noch vor zwei Jahrzehnten fand man kaum noch duftende Rosen. Heute dagegen gibt es wieder über fünfzig duftende Sorten zu kaufen. Fast jede Woche finde ich auf dem Covent Garden Market eine neue. Zu den duftenden Kultursorten gehören die violette 'Jacaranda' und die dunkelrote 'Extase'.

Äußerst aktuell sind gegenwärtig zweifarbige Rosen, die den Floristen neue Farbkombinationen erlauben. Man unterscheidet hier Sorten mit farblich abgesetztem Rand wie 'Confetti', die gelbe Blütenblätter mit orangem Rand besitzt, oder die als Brautrose sehr populäre 'Laminuette', deren creme farbene Blütenblätter mit einem kirschroten Rand eingefasst sind.

Die allerneuesten Trendsetter sind allerdings Rosen mit innen und außen unterschiedlich gefärbten Blütenblättern. Neben anderen Farbkombinationen hat sich hier 'Leonidas' einen Spitzenplatz in der Publikumsgunst erobert: Ihre Blätter sind außen braunrot, innen dagegen rot.

Früher hatte man Schwierigkeiten, Rosen zu züchten, die sich gut öffnen. Oft welkten bereits die Knospen, ohne sich voll zu entfalten. Heute stehen bessere Sorten zur Verfügung. Die orange 'Rising Sun' ist wirklich ihr Geld wert. Ihre Knospen öffnen sich garantiert zu attraktiv geformten rundlichen Blüten, die wirklich überzeugen. Ich verwende sie gern zusammen mit den vielfarbigen Blättern des Crotons. Eine weitere moderne Schöpfung ist 'Gypsy Curiosa'. Sie öffnet sich so anmutig wie traditionelle Gartenrosen, hält aber so lange wie die kommerziellen Schnittrosen. Ihr ursprünglicher holländischer Züchter nannte sie 'Curiosa' wegen ihrer ungewöhnlichen rostroten Farbe. Sie lässt sich einmalig mit anderen Herbstpflanzen kombinieren.

Bei der Suche nach dem perfekt naturnahen Aussehen entwickelten Profizüchter außerdem die Sprayrose. Tatsächlich gleicht sie mehr als andere Züchtungen der schlichten Gartenrose und hat heute viele Freunde. Für herbstliches Orange wählen Sie die rot-gelb farbene 'Rumba', das Sprayrosen-Pendant zur knallorangen 'Lambarda'-Rose.

Gegenüber, links und rechts Dieser schlichte Strauß besteht aus 35 'Rising Sun'-Rosen in einem mit Steckmasse gefüllten rechteckigen Terrakottatopf. Den Rand bilden Croton-Blätter. **Oben, links und rechts** 'Gypsy Curiosa'-Rosen in üppiger Fülle mit Kiefernzapfen und braunen Buchenblättern ergeben ein spektakuläres Herbstgesteck. Weitere herbstliche Zutaten für Rosensträuße sind Heide, Zieräpfel, die schwarzen Beeren von *Viburnum tinus*, Hagebutten sowie die Früchte von Montbretien.

Gegenüber Farbenprächtige kleine Windlichter lassen sich zu witzigen Töpfen für Minigestecke umfunktionieren – besonders im Winter, wenn nur begrenzte Mengen Pflanzenmaterial zur Verfügung stehen. Hier eine ganze Kakteen-Kollektion und ein größerer Topf mit Weinblättern, denen Beeren von Johanniskraut oder Eberesche zugefügt wurden.
Mitte Noch einmal erstrahlt der Herbst mit diesem bunten Zinnienstrauß in seiner ganzen Farbenpracht. Das rot angestrichene Spankörbchen ist mit Plastikfolie ausgekleidet.
Ganz oben *Gerbera* in mehreren Farbtönen mit einem Rand aus Kissenmoos hebt sich gut von der metallischen Vase ab.
Oben Ebenfalls herbstliche Rost- und Gelbtöne bestimmen dieses Arrangement aus Rosen ('Papillon' und 'Bacarolla'), Hasenohr, Flieder und gelbgrünem Dill.

Winter

Der Winter ist reich an Möglichkeiten. Nicht etwa als weißer Fleck steht er im Kalender des Floristen: Er überrascht mit markanten Kontrasten und eigenwilliger Ausdruckskraft.

Arrangements aus kahlen Zweigen künden von der Vergänglichkeit und bringen die Atmosphäre winterlicher Landschaften ins Haus. Edelsteingleiche Farben und ein Hauch von edlen Metallen geben zu den Feiertagen den Ton an. Exotische Blüten lassen uns von sonnigen Palmenständen träumen, die niemals Eis und Schnee gesehen haben.

Weiß & grün

Grün ist seit langer Zeit die traditionelle Farbe des Weihnachtsfestes. Die Menschen holen immergrüne Pflanzen ins Haus, die meist ohne Beiwerk auskommen. Dieser Brauch geht in heidnische Zeiten zurück – zu den römischen Saturnalien und den Julfesten in Skandinavien. Sie alle fanden um die Wintersonnwende zur Zeit der kürzesten Tage statt. Die immergrünen Zweige symbolisierten das unvergängliche Leben und spielten immer eine Rolle bei den Festlichkeiten. Doch in Erinnerung an heidnische Bräuche traute man sich später nicht, sie in die Häuser zu holen, damit sie kein Unglück brachten. Nur zu Weihnachten war wohl genug guter Geist vorhanden, um böse Geister abzuwehren. Weiß-grüne Kompositionen passen in jedes Ambiente und zu fast jedem

Geschmack. Die Kombination wirkt ausgesprochen beruhigend. Sie eignet sich auch für die ersten Versuche beim Blumenbinden. Hier habe ich sie für einen strukturreichen Winterkranz verwendet. Ausgleich schaffen ausdrucksstarke Blüten wie Anthurien und Amaryllis.

Legen Sie ringförmige Steckmasse (im Handel fertig mit Plastikuntersatz erhältlich) fünf Minuten lang ins Wasser. Zerteilen Sie die Zweige ein wenig und bestecken Sie den Kranz locker damit. Dazu kommen gleichmäßig rundum verteilte Papyruswedel. Dann stecken Sie Amaryllisblüten, deren Stiele Sie am unteren Ende mit Klebeband umwickelt haben, damit sie nicht aufreißen, in drei Gruppen dazu. Es folgen ebenfalls drei Gruppen von Anthurien. Die Blütenkolben der Anthurien nicht berühren, dann halten die Blumen länger!

Material:

1–2 Zweige *Berzelia galpinii*
1 Zweig *Viburnum grandiflorum*
6 Stiele Papyrus
6 Blüten der 'White Dazzler'-Amaryllis
3 *Anthurium* 'Midori'
3 *Anthurium* 'Akropolis'

Diese Seite Gemischte Blumensträuße lassen sich selbst im tiefsten Winter zusammenstellen. Hier habe ich weißen Flieder, weiße 'Bianca'-Rosen, Zierkohl sowie Skimmie (*Skimmia japonica* 'Rubella') verarbeitet.
Rechts oben Dieser rostfarbene Strauß besteht aus 'Leonidas'-Rosen und herbstlich braunen Eichenblättern. Die Zimtstangen, die das Gefäß umkleiden, werden durch eine Schnur gesichert.
Rechts unten Die weiße Kugelvase enthält neben Papyrus die rötlichen Orchideen 'James Storey', deren Blütenfarbe sich in den Blütenkolben der Anthurie 'Akropolis' wiederholt.

Der Winter bringt dennoch einige Schwierigkeiten für die Blumenfreunde. Auf der nördlichen Halbkugel sind nur wenige einheimische, frische Gewächse verfügbar. Dank moderner gartenbaulicher Kulturtechniken sind allerdings viele Sorten heute das ganze Jahr über erhältlich. Persönlich mag ich keine Arrangements, die ausschließlich Material enthalten, das nicht in die Saison passt, so als ob der Winter gar nicht existierte. Immer versuche ich, wenigstens ein der Jahreszeit angemessenes Element einzubauen – seien es nun kahle Zweige, Wintergrün oder typische Nahrungszutaten wie getrocknete Kräuter und Gewürze.

Letztere beschwören die winterliche Atmosphäre auf besonders sinnliche Weise herauf. Zimt wird seit langem in der Küche und für Parfüms verwendet. Die getrocknete Rinde der exotischen Baumart *Cinnamomum zeylanicum* bereichert mit ihrem wunderbar würzigen Duft und der rustikalen Struktur alle Wintergestecke. Getrocknete Lorbeerblätter, ebenfalls aus der Küche, haben ähnliche Qualitäten, wenn sie um ein Gefäß geklebt werden.

Unter den vielen im Winter angebotenen immergrünen Pflanzen ist die Skimmie *(Skimmia japonica)* für mich eine der interessantesten. Neben den hübschen scharfkantigen, glänzenden Blättern bringen die ungeöffneten dunkelroten Blütenknospen farbliche Tiefe in jedes Gesteck.

Der Zierkohl bietet sich in den Wintermonaten ebenfalls immer wieder an. Er eignet sich hervorragend als Füllmaterial. In seinen Farbvarianten von Grün und Weiß – oder besser gesagt Creme – bis zu dunklen Rotschattierungen fügt er sich gut in Wintergestecke mit intensiven Farben ein.

Winterliches Blattwerk kommt, wenn Sie mehrere Arten kombinieren, ohne florale Elemente aus. Schmücken Sie eine lange Tafel mit kleinen Keramiktöpfen, die Sie alle mit unterschiedlichen Blättern füllen: Neben *Brunia alopecuroides*, Eukalyptuszweigen, *Hebe*, *Garrya elliptica*, *Viburnum tinus* sowie Buchsbaum eignen sich zahlreiche weitere Arten.

Konservierte Herbstblätter von Eiche oder Buche können ebenfalls im Winter verarbeitet werden. Ihre reichen Rost- und Brauntöne und die interessanten Strukturen passen sich gut an andere Wintermaterialien an.

Ganz oben Einzelne Blüten der dunkelroten Amaryllis 'Liberty' füllen einen mit passenden roten und cremefarbenen Streifen bemalten Terrakottatopf. Zur Abrundung wurde golden besprühtes thailändisches Ting-Ting-Gras zugefügt.
Oben Auf Stäbchen geklebt und mit Bronze besprüht wurden diese Kiefernzapfen. Locker in eine ebenfalls bronzefarbene Vase gestellt, deren metallischer Schimmer sich im Spiegelrahmen wiederholt, schmücken sie auf unkonventionelle Weise ein Waschbecken.
Rechts Tulpenblüten neigen sich gerne. Um dem entgegenzuwirken, wurden die vanillefarbenen Blüten mit einer Kordel zusammengebunden und stehen nun aufrecht in einem passenden Topf, der eine Manschette aus Zierkohl erhielt.
Rechts außen Ungewöhnlich auch dieser Anblick: Die mit Korkenzieherweide gefüllte große Glasvase nimmt anmutig geneigte Papageientulpen ('Flaming Parrot') auf.

Sie werden in Glyzerin gestellt, das sie aufsaugen. Da sie sich nach dieser Prozedur etwa sechs Monate halten, lohnt die Anschaffung.

Unter den eigentlich nicht in die Jahreszeit gehörenden Zugaben mag ich besonders das silbergraue Blattwerk. Die Farbe verbreitet winterliche Stimmung und wirkt aufhellend. Sie passt zu fast jedem anderen Ton, vornehmlich zu den kräftig bunten Gestecken der Weihnachtszeit. Die zu diesem Anlass bemalten, in Farbe getauchten oder besprühten Blätter und Samenkapseln passen gut dazu. Grau- und Silberblätter haben oft interessante Formen und sind manchmal von einem feinen Haarpelz bedeckt, der ihnen einen sanften Schimmer gibt. Sie erinnern mich an Marilyn Monroe, deren Haut mit hauchfeinen blonden Härchen überzogen war, so dass sie auf der Leinwand richtig zu glühen schien. Machen Sie also die Silberblätter gleichsam zum Star Ihres Festtagsschmucks.

Auch tropische Importe bereichern die Winterpalette. Die nadeligen Silhouetten der Papyruswedel wirken für sich allein, aber auch in Verbindung mit anderen exotischen Schönheiten wie farbigen Orchideen und Anthurien. Gekaufter Papyrus wirkt oft etwas unordentlich. Er wird einfach mit der Schere in eine scharfe, geometrische Form gebracht.

In unseren gemäßigten Klimazonen erscheinen um die Weihnachtszeit bereits wieder die ersten Frühlingsblüten im Fachhandel. Am liebsten mag ich die eleganten langstieligen Tulpen Südfrankreichs, wie sie auf dem Blumenmarkt von Nizza verkauft werden. Ihre ausgefallenen Formen wirken für sich, aber auch in Kombination mit anderen extravaganten Formen wie Korkenzieherweide oder den rundlichen Blattrosetten des Zierkohls. Ein paar dieser Tulpen im Raum lassen ahnen, dass der Frühling nicht mehr weit ist.

Nach den üppigen Weihnachtsdekorationen finde ich die schlichte, klare Linienführung kahler Zweige als Zimmerschmuck sehr erholsam. Sie sind ab Herbst erhältlich, wenn der Stoffwechsel bei Bäumen und Sträuchern eingeschränkt wird und sie geschnitten werden können.

Korkenzieherweide und -hasel mit ihren urig gedrehten Zweigen oder auch knorrige, flechtenüberzogene Äste von Apfelbäumen bereichern jedes Wintergesteck. Ich mag auch die einfachen geraden Zweige des Hartriegels. Die langen Ruten erscheinen je nach Sorte in tiefem Rot, Grün oder Gelb. Ohne weitere Zutaten ergeben sie einen farbenfrohen Blickpunkt.

Immer wieder erscheinen neben den Zweigen neue Schoten und Samenkapseln, die mittlerweile speziell für den Floristikbedarf gezogen werden. Am liebsten verarbeite ich Lotos- und Mohnkapseln.

Ungeahnte Alternativen finde ich auf dem Obst- und Gemüsemarkt. Seit kurzem interessiere ich mich für Kunst und Handwerk der Indianer. Wenn man nach der Chiliernte durch die südwestlichen Teile Nordamerikas reist, sieht man häufig aus den Schoten gebundene Kränze und Stränge. Ihre markanten Formen, starke Rot-, Orange- und Gelbtöne machen sich während der langen Wintermonate toll in der Wohnung.

Gegenüberliegende Seite, links Knorrige Apfelzweige und weicher Rohrkolben – zwei ungewöhnliche Partner. **Gegenüberliegende Seite, rechts** Ein dickes Bündel Hartriegel steckt ohne Befestigung in der strengen Tonvase. **Links** Der Kranz aus Korkenzieherhasel ist ebenfalls ohne Draht gewunden. Nach dem Winter kann das Schmuckstück in die warme Frühlingssonne gehängt werden und fängt dann auf geheimnisvolle Weise zu knospen an. **Unten** Der fröhliche Kranz aus getrockneten Chilischoten ist ein leicht nachzuarbeitender und auffälliger Winterschmuck in meiner eigenen Küche.

Links Stellen Sie aus 'Nicole'-Rosen, goldbesprühtem Ting-Ting-Gras und Skimmie in einem ausgehöhlten Holzblock ein hübsches Adventsgesteck zusammen.
Ganz oben Klassisches Weihnachtsgesteck – 'Leonidas'-Rosen, Johanniskrautbeeren, Rudbeckia, Skimmie, Hasenohr und goldenes Ting-Ting-Gras mit Bienenwachskerze.
Oben Ein dichter Strauß dunkelroter 'Bacarolla'-Rosen mit goldbesprühten Blättern füllt die sternförmige Vase.
Rechts Mit Goldfarbe besprühte Ranken unterstützen ein Gesteck aus Tannenzweigen und Stechpalme.
Rechts außen Winzige Christbäumchen passen gut in rot und orange angestrichene Terrakottatöpfe.

Um die Weihnachtszeit quellen die Geschäfte über mit besprühten, getauchten oder sonstwie gefärbten Materialien. In dieser Zeit mit all ihrer Fülle und dem Glitzer verliert man leicht das Gefühl für das rechte Maß und den guten Geschmack.

Sehr gern verwende ich als florales »Extra« das korkenzieherartige Ting-Ting-Gras *(Cocos nucifera)*. Es stammt aus Thailand und wächst zunächst gerade, verdreht sich aber noch in grünem Zustand. Auch besprühte, vergoldete oder mit Glitter überzogene Spiralen sind zu Weihnachten sehr wirkungsvoll. Triebe von Rankpflanzen lassen sich ebenfalls besprühen. Sie liefern die Basis für Girlanden oder dienen als Steckhilfsmittel für Blätter und Blumen und verleihen dem gesamten Arrangement ein natürliches Aussehen.

Mini-Christbäumchen sind leicht herzustellen und können auch von Kindern als nettes Geschenk selber angefertigt werden. Schneiden Sie Steckschaum für den Topf passend zurecht und spitzen Sie ihn oberhalb des Topfes kegelförmig zu. Zerteilen Sie das Grün in kurze Zweigchen, die Sie schräg anschneiden und dann in den Kegel stecken. Pralinen oder andere Süßigkeiten lassen sich in dem Grün verteilen.

Dieses wunderschöne Arrangement schmückt zu Weihnachten den Kaminsims. Es besteht unter anderem aus Zweigen von Stechpalme, flechtenüberzogener Lärche, besprühten Weinranken, roten Zieräpfeln und Weintrauben, dazwischen stehen große Obelisk-Kerzen. Sie sind weit genug von der Wand abgerückt, damit sie keine Schäden anrichten.

Pflege

Der wichtigste Faktor bei der gelungenen Zusammenstellung von Blumenarrangements ist das sorgfältig ausgewählte, erstklassige Pflanzenmaterial. Auch für die Vorbereitung sollten Sie sich Zeit nehmen.

Wenn Sie die Blumen aus dem eigenen Garten ernten, nehmen Sie einen Eimer voll Wasser mit, in den Sie die Stiele direkt nach dem Schnitt stellen. Sammeln Sie das Material am Morgen, bevor die Sonne zu hoch steht. Meiden Sie frische, schwache Triebe, die schnell welk und unansehnlich werden. Wenn Sie Blumen kaufen, wenden Sie sich an ein gutes Fachgeschäft. Sehen Sie sich das Angebot kritisch an. Fragen Sie auch ruhig, von welchem Tag die Blumen sind und wie lange sie voraussichtlich halten. Die meisten Blüten bleiben etwa fünf Tage frisch. Besonders zarte, empfindliche und duftende Arten halten sich manchmal nicht so lange. Die meisten Blumen aus kommerziellem Anbau werden nach der Ernte behandelt, damit sie länger frisch bleiben – diese Mühe lassen die Händler sich natürlich bezahlen.

Manche Gartenblumen und auch einige der teuren Exoten verwelken sehr schnell, so dass sie festlichen Anlässen vorbehalten bleiben müssen. Manchmal ist ein perfekter Schmuck für einen Tag wichtiger als ein haltbarer Strauß.

Das Blumenstecken verursacht Unordnung und kann Möbel und Stoffe beschädigen. Um dem vorzubeugen, bedecken Sie die Arbeitsfläche mit dicker Plastikfolie. Wählen Sie die Blumen sorgfältig aus, achten Sie auf feste Knospen, kräftige Stiele und Blätter. Zu Hause schneiden Sie die Stiele sobald wie möglich mit einem scharfen Messer an, indem Sie sie um knapp 3 cm einkürzen. Der Schnitt verläuft schräg, damit eine größere Fläche zur Wasseraufnahme entsteht. Vom Anklopfen oder Spalten der Stielenden ist man heute abgekommen, da es angeblich die Wasseraufnahme eher behindert als fördert. Leisten Sie sich möglichst eine gute Blumenschere und ein scharfes Gartenmesser. Bei Blumen mit Nodien (Knoten) im Stiel – wie zum Beispiel Nelken – sollte der Stiel genau oberhalb einer solchen Verdickung abgeschnitten werden.

Vor dem Stecken werden alle Blätter unterhalb der Wasseroberfläche entfernt, damit sie das Wasser nicht verschmutzen. Manche Arten halten sich besser, wenn sämtliche Blätter entfernt werden. Sonnenblumen und Celosien sind so durstig, dass sie das zusätzliche Grün kaum mit versorgen könnten. Selbst die ausdauernden Chrysanthemen bleiben länger frisch, wenn fast alle Blätter entfernt werden.
Vor dem Arrangieren sollten die Blumen gut gewässert werden. Sie absorbieren die Hälfte des Wassers, das sie zum Überleben brauchen, innerhalb der ersten 24 Stunden nach dem Schnitt.

Narzissen sondern aus ihren Stielenden Schleim ab, der für anderes Pflanzenmaterial im selben Gefäß schädlich sein kann. Um Schäden zu vermeiden, stellen Sie Narzissen daher für 24 Stunden allein ins Wasser. Manche käuflichen Frischhaltemittel sind auch speziell für gemischte Arrangements mit Narzissen komponiert. Mit Wolfsmilchgewächsen sollten Sie ebenfalls vorsichtig sein. Sie enthalten eine milchige Substanz, die an Haut und Augen Reize und allergische Reaktionen hervorrufen kann. Hier helfen Gummihandschuhe, obwohl ich persönlich lieber darauf verzichte, um das Pflanzenmaterial, mit dem ich arbeite, richtig fühlen zu können. Ich wasche anschließend immer gleich meine Hände und berühre weder Gesicht noch Augen. Die meisten Reizungen verschwinden sehr bald wieder. Sollte das nicht der Fall sein, wenden Sie sich bitte an einen Arzt.

Viele tropische Blätter haben beim Kauf klebrige Rückstände auf der Oberfläche, die Sie mit Hilfe eines Wasserzerstäubers oder durch Eintauchen in Wasser entfernen. Anschließend lassen Sie die Blätter an der Luft trocknen. Verwenden Sie für die Vase lauwarmes Wasser, da der Sauerstoff darin leichter in die Stängel gelangt. Ich empfehle immer zusätzlich ein Frischhaltemittel. Es liefert den Blumen nicht nur zusätzliche Nährstoffe, damit sich die Knospen besser öffnen, es stoppt auch die Bakterienbildung. Damit die Arrangements lange ansehnlich bleiben, sollten Sie das Wasser häufig wechseln. Eine weitere Grundregel ist die gründliche Reinigung der Gefäße nach Benutzung mit verdünntem Bleichmittel.

Wirklich gelungene Ergebnisse erzielen Sie mit einer Stütze aus Kaninchendraht oder einem Gitter aus Klebeband aus dem Floristik-Bedarf, in das Sie Blumen und Blattwerk einstecken. Natürlichen Halt bieten Zweige, Grün und Kieselsteine. Das Klebeband eignet sich auch bestens, um Drahtgitter und Steckschwämme zu fixieren. Feine Holzstäbe werden als Stütze benötigt, wenn Sie Topforchideen und Amaryllis aufrecht halten wollen. Sie können ferner in die hohlen Stiele von Schnittblumen wie Rittersporn und Lupinen gesteckt werden, um sie zu stützen. Amaryllis beispielsweise ist heute so hochgezüchtet, dass ihre Blütenköpfe manchmal zu schwer für die Stängel werden.

In Steckmasse arrangierte Blumen halten schlechter als in der Vase, weshalb diese Steckhilfe besonderen Gelegenheiten vorbehalten bleiben sollte. Die Schaummasse tendiert dazu, die Stiele zu verstopfen, besonders bei innen hohlen Formen wie Amaryllis und Hyazinthen. Zusätzlich werden hohle Stiele leicht gespalten, wenn sie in die Schwämme gesteckt werden. Um dies zu vermeiden, umwickelt man Sie an den Enden vor der Verwendung mit Klebeband. Tauchen Sie die Steckschwämme zum Tränken nicht gewaltsam in einen Eimer Wasser, sondern lassen Sie sie sich von selbst langsam vollsaugen. Nur dabei verteilt sich das Wasser gleichmäßig. Versuchen Sie auch nicht, den Steckziegel wieder zu verwenden, da er beim zweiten Mal nicht mehr genügend Wasser aufnimmt.

In kühlen Räumen halten sich Schnittblumen länger frisch. Feine Blütendüfte werden allerdings in allzu kalter Umgebung erheblich schwächer. Generell gilt, dass Gestecke weder der direkten Sonne noch zu starker Hitze oder Zugluft ausgesetzt werden dürfen. Manche Blumen wie *Phalaenopsis*-Orchideen und Veilchen erholen sich noch einmal, wenn sie schlapp zu werden beginnen, wenn man sie eine Stunde lang ganz in Wasser eintaucht. Mit derselben Methode lassen sich die Blütenfarben von Anemonen intensivieren: einfach vor dem Arrangieren in Wasser tauchen.

Von Blumen, Pflanzen und Früchten wird Ethylen (Alkohol) gebildet, das am Alterungsprozess beteiligt ist. Daher sollten Sie abgestorbene Blüten und Blätter entfernen, sobald sie erscheinen, um die fortschreitende Alterung zu verzögern. Aus demselben Grund sollten Sie keine Schnittblumen neben Obst stellen – es sei denn für spezielle Effekte.

Fettgedruckte Seitenzahlen verweisen auf Bildunterschriften.

Danksagung

Als ich dieses Projekt in Angriff nahm, wusste ich nicht, dass bereits 1935 die berühmte englische Blumenkünstlerin Constance Spry ein Buch unter dem Titel »Simple Flowers« (englischer Originaltitel, Anm. d. Übers.) veröffentlicht hatte. Wenn sich auch unsere Vorstellungen von Einfachheit in den letzten fünfzig Jahren gewandelt haben, so bleiben doch viele von Constance Sprys grundlegenden Prinzipien bis heute gültig. Ich möchte der Autorin und ihrer Blumenschule danken, denn sie hat mich in die Grundlagen der Floristik eingeführt und mir den Weg zu einem neuen Umgang mit Blumen gewiesen.

Jeden Tag schöpfe ich Inspiration aus meinen frühmorgendlichen Spaziergängen über den New Covent Garden Market in Nine Elms in London. In den letzten zehn Jahren habe ich dort viele Freunde gefunden und möchte nicht versäumen, den Großhändlern für ihre Hilfe zu danken. Besonders denke ich an Dennis Edwards bei John Austin für sein Engagement und die ständige Unterstützung. Mein Dank auch an Eric, Tom und Matt!

Ich habe die Zusammenarbeit mit dem überaus talentierten James Merrell sehr genossen und danke ihm ebenfalls. Seine exzellenten Fotoaufnahmen rechtfertigen seinen übervollen Terminkalender. James verdient unsere Bewunderung, seine Professionalität ist vorbildhaft.

Meine Mitarbeiter im Geschäft, die Helfer im Büro und bei der Auslieferung sowie die freien Mitarbeiter sind ebenfalls alle sehr begabt und loyal. Allen danke ich für die harte Arbeit und die langen Stunden, die sie der Welt der Blumen gewidmet haben.

Besonders möchte ich die Menschen erwähnen, die direkt an der Produktion dieses Buches beteiligt waren: Ashleigh Hopkins, Joan Cardoza, Anita Everard, Sophie Hinderley, Shinako Atsumi, Mikiko Tanabe, Hiroko Odakura, Yoko Okazaki, Fumiko Inoue, Atsuko Hata und Noriko Kobayashi.

Ferner danke ich Jacqui Small, die mich in die Welt der Buchproduktion einführte und meinen Gestaltungsstil dadurch in der Welt der Floristik bekannt machte. Sie war es auch, die dieses Projekt vorschlug und zum unnachahmlichen Stil des Buches beitrug.

Penny Stock wirkte bei den anstrengenden Fototerminen beruhigend. Ihr ist es auch zu verdanken, dass James Merrells Vorstellungen Realität annehmen konnten. Wie ich meine Anregungen oft spontan aus den Blumen beziehe, die ich jeden Tag auf dem Markt finde, so hatte auch dieses Buch keinen starren Plan. Das hat Pennys Aufgabe noch schwieriger gemacht.

Auf der Jagd nach interessanten Interieurs, tollen Vasen, Gefäßen und sonstigen Requisiten durchstreifte Martin Bourne mit seiner Assistentin Emma die exklusivsten Wohnungen und so gut wie jedes Geschäft Londons. Ich danke ihm dafür, dass er uns an seinem Stilgefühl und seiner guten Laune teilhaben ließ. Er hat es auch ermöglicht, dass meine Arrangements in so wunderbaren Räumen fotografiert werden konnten. Ich bedanke mich bei allen, die ihr Heim für uns öffneten.

Jane Struthers hat dem Text den letzten Schliff gegeben und war eine geduldige Lektorin. Es ist mir ein besonderes Vergnügen, mit ihr zu arbeiten. Auch Hilary Manleberg möchte ich für ihr Engagement und Einfühlungsvermögen danken, mit dem sie die letzten Schritte des Buches betreute.

Mein Dank gilt ferner Andrew Weaving von Century Design, London, der immer an mich denkt, wenn er etwas Hübsches in seinem wunderbaren Laden auftut, ebenso Richard Henham von der Chocolate Factory, London, der die herrlichen Töpfe auf den Seiten 32, 33 und 50 (unten) beisteuerte. Dank auch an Chris Johnson von Sia Parlane für Rat und Unterstützung sowie an meine vielen neuen Freunde in Japan: besonders an Sawako Matsuoka für die Gestaltung des wunderbaren Mosaiktopfes auf Seite 76.

Meine Familie war immer eine Stütze in meinem Leben und ich möchte an dieser Stelle auch meine Eltern nicht vergessen, die mich in ihrem Haus aufnahmen, damit ich den Text des Buches in Ruhe beenden konnte. Mit ihrer Sorge und ihrem Rat haben sie mir sehr geholfen.

Last but not least danke ich meinem Mann Peter Romaniuk, der sich im Lauf der Jahre damit abgefunden hat, dass Blumen mein Leben bedeuten und dass er meine Zuneigung mit ihnen teilen muss. Peter hat immer die Schlichtheit von Blumen bewundert. Er war es auch, der mir die Idee zu diesem Buch gab.